Heike Gade
BITTE MELDE DICH!

Heike Gade

BITTE MELDE DICH!

*Nachrichten
aus dem Jenseits*

Ansata

FSC
Mixed Sources
Product group from well-managed
forests and other controlled sources
Cert no. SA-COC-001819
www.fsc.org
© 1996 Forest Stewardship Council

Verlagsgruppe Random House FSC-DEU-0100
Das für dieses Buch verwendete
FSC-zertifizierte Papier *EOS* liefert Salzer, St. Pölten.

Ansata Verlag
Ansata ist ein Verlag der Verlagsgruppe Random House GmbH

ISBN 978-3-7787-7361-1

Erste Auflage 2009
Copyright © 2009 by Ansata Verlag, München,
in der Verlagsgruppe Random House GmbH
Alle Rechte sind vorbehalten. Printed in the Czech Republic.
Einbandgestaltung: Reinert und Partner, München,
unter Verwendung eines Motivs von © Shutterstock
Herstellung: Gabriele Kutscha
Gesetzt aus der 10,8/14,7 Punkt Berling
bei Christine Roithner Verlagsservice, Breitenaich
Druck und Bindung: CPI Moravia Pohořelice, CZ

Ich widme dieses Buch Emma und Karl Jacobs,

die ich für meine derzeitige Inkarnation als Eltern
auswählte, die meine Wahl freudig angenommen haben, mich
auf meinem Lebensweg liebevoll durch alle Höhen
und Tiefen begleiteten und mir auch heute noch
aus der jenseitigen Welt
Licht, Liebe und Hilfe zukommen lassen.

Danke

Liebe Leserin, lieber Leser,

ich erlaube mir, Sie in den folgenden Kapiteln mit dem vertrauten »*du*« anzusprechen. Wir sind uns dann etwas näher, was für das Thema »Medialität« nur von Vorteil sein kann.

Heike Gade

Inhalt

Vorwort

Nachricht (ursprünglich *Nachrichtung* = Mitteilung, *nach* der man sich *richtet*)

MEYERS LEXIKON

»Bitte, melde dich!«

Fast jeder von uns hat diesen Satz irgendwann in seinem Leben schon einmal hoffnungsvoll oder sehnsüchtig gedacht und vielleicht auch ausgesprochen. Wenn man zum Beispiel verliebt ist und der (die) Partner(in) sich nach einer Auseinandersetzung zurückgezogen hat, wenn eines der Kinder lange Zeit nichts von sich hat hören lassen und man nicht weiß, wie es ihm geht, wenn eine Freundin oder ein Angehöriger sich entschlossen hat, sein oder ihr Leben zu verändern und vielleicht zum Aussteiger oder Auswanderer geworden ist, man sich schließlich aus den Augen verloren hat, wenn Sehnsucht und Sorge sich mischen, und man sich sehnlich wünscht:

»Bitte, melde dich!«

Fernsehsendungen wie die von Jörg Wontorra, Kai Pflaume oder Jürgen Fliege, in denen es darum ging, Kontakt mit verschollenen Freunden oder Angehörigen aufzunehmen, sei es per Telefon, SMS, durch ein Fax, einen Brief oder eben über die Recherchen des Senders, standen ebenfalls unter dem Motto:

»Bitte, melde dich!«

Ein ganz ähnliches Bedürfnis nach Kontaktaufnahme empfinden wir auch, wenn wir einen lieben Menschen »verloren« haben, wenn jemand, der uns sehr nah war, gestorben, das heißt in die geistige Welt übergegangen ist.

Tief in uns hat sich die Vorstellung verfestigt, der geliebte Mensch sei nun endgültig aus unserem Leben verschwunden. Auch die Kirche bestärkt uns in dem Glauben, es gäbe – abgesehen von jenem »ewigen« Leben nach dem Jüngsten Gericht – nur *ein* Leben auf dieser Erde. Das Schauen hinter den Vorhang (des Todes), heißt es, sei nicht erlaubt. Eine Kommunikation zwischen geistiger und materieller Welt sei zwar in Ausnahmefällen möglich, aber nur auserwählten Vertretern der Kirche und des Glaubens vorbehalten.

Dem ist aber nicht so! Der »fromme Wunsch« vieler Hinterbliebener nach einer Verbindung zu ihren Lieben in der geistigen Welt ist realisierbar. Ein solcher Kontakt kann hergestellt werden!

Viele Menschen meinen, Verstorbene rührten sich nicht mehr, seien tot ... Doch das sind sie nicht! Ihr Körper ist zwar gestorben, aber ihre Seele, also das, was uns als Wesen mit Begabungen, Empfindungen und Charaktereigenschaften ausmacht, dieser Seelenkörper lebt weiter und das meist frei und durchaus glücklich.

In der Bibel finden sich zahlreiche Geschichten über Geistwesen, die sich Menschen auf der Erde gezeigt haben, die mit ihnen sprachen, sie begleiteten und mit ihnen zu Tisch saßen, allen voran Jesus Christus. So etwas kann es aber auch für uns »einfache« Menschen geben, für dich und mich, für jeden von uns. Wir alle haben die Möglichkeit, uns von den geistigen Wesen rufen zu lassen und uns dann mit der geistigen Welt, mit den Verstorbenen in Verbindung zu setzen!

Gebete sind der erste und wichtigste Schritt auf dem Weg zu einer Verbindung mit der Jenseitswelt. Nicht wenige Menschen bekommen im Gebet Antworten, Hinweise und Hilfen aus der geistigen Welt, und zwar in Form von plötzlichen Einfällen, Intuitionen und Eingebungen. Aber auch in Träumen, über das »Bauchgefühl« und durch sogenannte Zufälle macht sich die geistige Welt bemerkbar.

Eine besonders schöne, berührende und gleichzeitig klärende Möglichkeit der Kontaktaufnahme mit unseren Lieben im Jenseits bieten Medien an – Menschen, die über eine besondere Begabung verfügen und oft auch eine intensive Ausbildung (meist in England) gemacht haben.

Diese Medien stellen sich als eine Art Radioempfänger zur Verfügung, als Überträger von Nachrichten aus der geistigen Welt. Sehr oft gelingt es ihnen, den Hinterbliebenen allein schon dadurch Trost zu spenden, dass sie äußere oder charakterliche Merkmale der Verstorbenen beschreiben, sodass diese von ihren Lieben auf der Erde eindeutig erkannt werden. Aber dadurch, dass die Medien außerdem Botschaften der »Toten« an die Lebenden weiterleiten, können sie denen damit oftmals große Erleichterung und inneren Frieden schenken. Die Hinterbliebenen sind nicht nur dankbar, sondern fühlen sich gleichermaßen ermuntert und ermutigt, weil sie die immerwährende Nähe und Liebe zwischen Geistwesen und Erdenmenschen deutlich gespürt haben. Ein geglückter Gedankenaustausch zwischen den Menschen beider Sphären mag sogar nachträgliches Verzeihen und Loslassen ermöglichen und eine wunderbare Erlösungsarbeit darstellen.

Jeder Mensch kann sich selbst vom Können und von der sogenannten »Trefferquote« verschiedener Medien überzeugen, auch du, dein Nachbar, dein Freund, dein Ehemann, der Arbeitskollege, der Lehrer, der Pfarrer, der Bürgermeister, einfach jeder! Warum sollten wir uns diese Chance entgehen lassen?

Was wir bezweifeln,
kann nicht werden!

Natürlich gibt es auch unter den Medien schwarze Schafe und Scharlatane, aber nicht mehr und nicht weniger als in Schule, Kirche, Wirtschaft, Politik und Wissenschaft. Achtsamkeit ist in unserem lebensgefährlichen Dasein ohnehin vonnöten, und das gilt in besonderem Maße für den spirituellen Bereich – nicht etwa, weil da vieles so »gefährlich«, »undurchsichtig« oder »geheimnisvoll« und »suspekt« anmutet, sondern ganz einfach, weil der Mensch mit der spirituellen Arbeit immer besonders hohe Erwartungen, Hoffnungen und Wünsche verbindet. Und das ist gut so!

Dass die Arbeit mit Verstorbenen, die Kontaktaufnahme mit unseren Lieben auf der anderen Seite von größter Bedeutung ist, zeigt die Realität. Nach einem Todesfall stürzen viele Hinterbliebene in ein tiefes Loch, aus dem sie ohne fremde Hilfe nicht mehr herauszukommen glauben. Doch auch in Selbsthilfegruppen, zum Beispiel für verwaiste Eltern, in Trauer-Gesprächskreisen oder

Trauerarbeitsgruppen drehen sich die Teilnehmer häufig im Kreis, weil sie sich immer und immer wieder ihre Verzagtheit, ihr Alleinsein und die Tatsache, dass sie verlassen wurden, vor Augen halten. Es liegt mir fern, den Sinn solcher Gruppen generell infrage zu stellen, denn natürlich können sich die Teilnehmer auch gegenseitig aufmuntern und unterstützen, aber die Gefahr, dass sie andere herunterziehen oder sich von anderen noch weiter herunterziehen lassen, besteht eben auch.

Wie schön wäre es doch, wenn die Versuche, Trauernde zu trösten, manchmal nur einen einzigen Schritt weiter gingen, nämlich im wahrsten Sinn des Wortes heraus aus dem Jammertal. Wenn sie wirkliche *Ein-sicht* in die geistige Welt bieten – dies ist möglich! – und die Kommunikation mit den Verstorbenen fördern würden. Dann könnten alle gelassener sein, könnten erkennen, sich entwickeln und loslassen statt festzuhalten. Dann könnten sie ihre Lieben gehen lassen, denn sie wüssten sie in guter Obhut und könnten sich selbst wieder dem Leben zuwenden und glücklich werden, und zwar ohne Schuldgefühle und übergroße Trauer.

Wir *hier* und die geistigen Wesen *dort* könnten freier sein, hätten viel weniger Angst und viel mehr Lebensfreude, auch sehr viel mehr Freude an der eigenen seelischen Entwicklung.

Dass eine solche geistig-seelische Freiheit und das sich daraus ergebende Gefühl der Erleichterung und des bedingungslosen Angenommenseins ebenso möglich ist wie das Gewahrwerden der allumfassenden Liebe, habe ich selbst erlebt und erlebe es immer wieder. Vor diesem Hintergrund kann ich sagen: »Gott und die Seelen aus der geistigen Welt sind das Beste, was mir in diesem Leben begegnet ist, und ich lasse mich immer wieder gern aus dieser Dimension ansprechen und anrühren.«

Anhand einiger Beispiele aus meinem persönlichen Erlebnisbereich und dem anderer Menschen berichte ich in diesem Buch von Kontakten mit Wesen der anderen Wirklichkeit. Mögen meine Leser etwas von dem Trost, der Güte, der Weisheit und der Liebe spüren, die unsere Lieben in der jenseitigen Welt für uns empfinden und uns schenken.

Die Parapsychologie versteht unter einem Medium eine Person, die für fähig gehalten wird, Außersinnliches wahrzunehmen.

Medien (*Medium* = lat. »das, was sich in der Mitte befindet; Mittler«) sind Menschen, welche die Fähigkeit besitzen, Botschaften von nicht physisch verkörperten Wesen, zum Beispiel von Geistern, Engeln oder Verstorbenen, zu empfangen. Sie sind Mittler zwischen der geistigen und der materiellen Welt und können Hilfe suchenden Menschen (Klienten) Botschaften des Trostes übermitteln und/oder ihnen Lebenshilfe geben.

Alle Medien, von denen fortan die Rede sein wird, habe ich zwar in verschiedenen Sitzungen und auf Seminaren kennengelernt, aber persönlich kenne ich sie nicht. Ihnen war und ist nichts von meiner Lebensgeschichte beziehungsweise über meine persönlichen Lebensumstände oder mein Umfeld bekannt. Einzige Ausnahme:

Das Medium Erika Schulz ist gleichzeitig meine Freundin.

An dieser Stelle danke ich den Menschen, die mir ihre »Geschichte« für eine Veröffentlichung zur Verfügung gestellt haben. Um ihre Privatsphäre zu schützen, habe ich die Namen *aller* Personen geändert.

Du hast noch ein Kind
in der geistigen Welt

Hans Borsdorf, Heiler und Medium
Gaye Muir, Medium

Während Hans mich begrüßt, schaut er mich etwas länger an und fragt dann: »Hast du Kinder?«

»Ja, eine Tochter.«

Darauf er ganz unvermittelt: »Dass du noch einen Sohn in der geistigen Welt hast, weißt du?!«

Ich bin ganz perplex, erinnere mich aber sofort an einen Abgang im Alter von etwa zwanzig Jahren. Nie hätte ich es für möglich gehalten, dass sich in dem fünfeinhalb Wochen alten Embryo bereits eine Seele eingefunden haben könnte. Ich fühle mich ein wenig ertappt, zumal ich lange Zeit aus Scham und schlechtem Gewissen über diese Schwangerschaft geschwiegen hatte. Ein Kind war mir zum damaligen Zeitpunkt gar nicht willkommen, und auch die Umstände der Schwangerschaft stellten sich äußerst prekär dar.

Nach der anfänglichen Sprachlosigkeit und einer gewissen gefühlsmäßigen Erstarrung kommt plötzlich Freude in mir auf: »Es gibt noch einen Sohn. Ich habe noch ein Kind ...!« Alles ist für mich wie ein Erkanntwerden im Sinn einer liebevollen Umarmung, ein großes Geschenk an mich.

Hans fragt ganz nebenbei: »Sagt dir der Name Matthias etwas?«

»Ich weiß nicht ... Matthäus schon, aber Matthias? ... Nein.«

Hans erwartet keine weitere Erklärung, und ich trage das gelüftete Geheimnis behutsam und glücklich nach Hause ... *Mein Sohn!*

In der Folgezeit denke ich immer öfter an ihn und fange zaghaft an, mit ihm zu reden. Ich stelle mir vor, wie alles gekommen wäre, wenn er sich damals nicht von mir und aus meinem Leben gelöst hätte. Bedrückende Gefühle stellen sich ein, Unsicherheit und auch immer wieder die Frage nach dem Anteil meiner Schuld, obwohl es ja ein selbstständiger Abgang war und kein manipulierter Abbruch...

Wie erleichtert bin ich, als mir etwas später das Medium Gaye Muir in einer Einzelsitzung unter anderem übermittelt: »Ich sehe einen jungen Mann. Er ist dein Sohn und befindet sich gemeinsam mit deinem Vater in der geistigen Welt. Die beiden arbeiten zusammen, und dein Vater kümmert sich liebevoll um ihn.«

Später teilt mir Gaye während einer öffentlichen psychometrischen Demonstration (Gaye hat ein Glas in der Hand, das ich zuvor etwa zwanzig Minuten lang in Händen gehalten habe und in dem jetzt meine Energie gespeichert ist, über die Gaye Verbindung zum Jenseits aufnehmen kann) unter anderem mit: »Ich sehe deinen Sohn, der in der geistigen Welt aufgewachsen ist. Er möchte dir sagen, dass es damals ganz allein seine Entscheidung war zu gehen. Er spürt deine Schuldgefühle, aber du brauchst dir keine weiteren Gedanken zu machen, denn *er* brauchte diese Erfahrung für die Entwicklung *seiner* Seele.«

Alles ist gut und in göttlicher Ordnung. Dieser Gedanke und ein Gefühl von übergroßer Liebe durchströmen mich. So glücklich bin ich lange nicht mehr gewesen.

Ich danke Hans und Gaye und allen Kräften in der geistigen Welt, die mithelfen, dass Verbindungen in dieser Weise zustande kommen und solche Nachrichten übermittelt werden können.

Ist es wirklich meine Mutter, die sich da meldet?

Frage an Doris Forster, Medium

Doris nennt folgende Erkennungszeichen (Meine Gedanken dazu stehen jeweils in Klammern):

- »Ich spüre eine mütterliche Energie.« – (Na ja, gut.)
- »Die Frau, die ich sehe, trägt ihre Haare glatt zurückgekämmt.« – (Ja, meistens, aber trifft das nicht auch auf viele andere Frauen zu?)
- »Sie ist adrett angezogen.« – (Ja, gut, unordentlich oder gar schlampig war meine Mutter wirklich nicht.)
- »Die Dame zeigt sich in einem dunklen Kostüm und weißer Bluse.« – (Ja, aber das trugen viele Frauen damals ... und heute auch noch.)
- »Kochen, Backen und Nähen waren ihre Hauptbeschäftigungen.« – (Das stimmt, aber viele Frauen haben in der Nachkriegszeit solche Fähigkeiten entwickeln müssen.)

- »Nun höre ich eine gezielte Mitteilung über dich: Du schlägst nicht nach ihr, sondern machst etwas ganz anderes.« – (Stimmt. Sollte es sich tatsächlich um meine Mutter handeln?) Hoffnung keimt auf. Doris Forster kennt ja weder meine Mutter, noch weiß sie irgendetwas von beziehungsweise aus meinem Leben.
- »Ich spüre deutlich ein Gefühl von großer Mutterliebe.« – (Nun gut, aber welche Mutter würde ihrem Kind keine Liebe schicken?)

Ich bin ganz unglücklich, weil ich noch immer unsicher bin, ob es sich bei der Seele aus der geistigen Welt wirklich um meine Mutter handelt. Doris Forster spürt noch einmal in die Verbindung hinein, zuckt die Achseln und schüttelt dann verständnislos den Kopf.

»Was ist?«, frage ich.

»Deine Mutter lächelt und zeigt mir eine Kette. Komisch, die ist halb echt und halb unecht ... Was sie damit sagen will, kann ich nicht erkennen.«

»Aber ich.« Ich muss lachen und *weiß* jetzt, dass es sich um meine Mutter handelt.

Meine Mutter hatte mir lange vor ihrem Tod eine echte Perlenkette geschenkt. Die Kette war kurz. Da ich sie aber gern zu Rollkragenpullovern tragen wollte, beauftragte ich einen Juwelier, jeweils rechts und links vom Verschluss der Kette noch 16 künstliche Perlen aufzureihen. Künstlich mussten die Perlen sein, da ich damals nicht viel Geld hatte. Es ist eine schöne lange Kette geworden (das Unechte verschwindet unterm Kragen), und auf meinen Pullovern macht sie sich ausnehmend gut.

Nachdem ich meine Mutter nun eindeutig erkannt habe, kann ich mein Herz ganz öffnen. Ich fühle Freude, Liebe, auch ein wenig Traurigkeit, bin aber ganz ergriffen von der tröstlichen Gewissheit, dass sie lebt und mir tatsächlich ganz nah ist. Es folgen noch einige sehr gute Durchsagen von ihr. Heute weiß ich, dass sich auch die Seelen im Jenseits freudig öffnen und ganz persönliche Gefühle übermitteln, sobald sie spüren, dass sie erkannt werden und man sich über ihre Nähe freut.

Meine Mutter fragt: »Wie geht es mit dem Buch voran?« (»Ich habe vor, ein weiteres Buch zu schreiben«, erkläre ich der »unwissenden« Doris.) Und sie übermittelt weiter: »Deine Mutter freut sich sehr darüber und wird dir bei der Entstehung des Buches helfen.«

Danach kommt noch eine ganz wichtige Botschaft durch: »Deiner Mutter ist das Herz schwer. Sie möchte heute um Verzeihung dafür bitten, dass sie euch Kindern (ich habe noch eine Schwester) wenig Nähe und Zärtlichkeit zeigen und geben konnte, obwohl sie euch sehr liebte. Das tut ihr sehr leid.«

Ich bin ganz betroffen. Es stimmt. »Aber es war trotzdem alles gut«, flüstere ich ihr entgegen. Dann fügt Mutti noch hinzu, dass sie im Jenseits ihr ganzes Leben im

Rückblick erkennen konnte und jetzt in der geistigen Welt mit Kindern arbeitet – um zu lernen und sich weiterzuentwickeln.

Ich freue mich für sie und schicke ihr viel Licht und Liebe. Meine Mutter lächelt und lässt mir noch sagen. »*So* schön habe ich es mir hier oben nicht vorgestellt!« Dann ist sie gegangen.

Aufmunterung aus
dem Jenseits

Manches Mal melden sich Seelen, zu denen wir im irdischen Leben wenig Kontakt hatten, die uns jedoch vom jenseitigen Bereich aus viel Hilfe, Trost und Aufmunterung geben wollen, womit sie uns sehr berühren können und dadurch nah sind.

Erika Schulz, Medium

Es meldet sich ein Mann, etwa dreißig bis vierzig Jahre alt, eine elegante Erscheinung. (Die geistigen Wesen zeigen sich oftmals viel jünger, als wir sie in Erinnerung haben.) Er wirkt äußerst vital, ist lustig und zeigt Erika eine Auswahl (selbst)gemalter Bilder.

Erika zu mir: »Er sagt, er habe sich durch mich schon einmal gemeldet.«

Während ich noch überlege, wird Erika der Großbuchstabe E gezeigt. Daraufhin vermute ich, dass es sich um meinen Onkel Erich handelt, den Bruder meines Vaters. Er war zu Lebzeiten Kunstmaler, und sein wunderschönes Bild einer Heidelandschaft hängt noch heute in unserem Haus. Onkel Erich hatte sich vor längerer Zeit tatsächlich schon einmal gemeldet und damals Botschaften *an mich* gerichtet, die aber *für meine Tochter* bestimmt waren. (Auch das geht!) Ich sollte ihr ausrichten, er sei stets in ihrer Nähe, um sie zu beschützen, um ihr aber vor allem mehr Spaß und Freude am Leben zu vermitteln. Ich habe die Durchsage damals weitergegeben – und sie wirkt! (Meine Tochter kannte Onkel Erich übrigens nicht persönlich.)

Dann schaut Erika erstaunt und beschreibt: »Jetzt zeigt er mir ein Porträt von einer schönen Frau, klappt dieses Bild nach hinten – wie bei einem Kalender mit einer Spirale – und ein neues Bild mit einem anderen Frauenkopf erscheint, dann noch eines und ein weiteres … vier Frauenbildnisse!«

Ich lache: »Ja, das ist Onkel Erich! Er war stets zum Flirten aufgelegt, und hier im irdischen Leben war er tatsächlich viermal verheiratet.«

Erika spürt, dass eine angenehme Leichtigkeit von ihm ausgeht, und Onkel Erich meint, dieses Gefühl der Leichtigkeit wolle er mir übermitteln, denn ich sei zu oft zu traurig. Er hat folgende Tipps für mich:

1. Ich soll Schmetterlinge und Vögel beobachten und dem Gefühl, das sich dabei entwickelt, nachspüren, um es dann tief in mein Inneres aufzunehmen.

2. Die Schwingungen von Menschen, die viel trauern und weinen (ich bin Trauer- und Sterbebegleiterin), soll ich nicht so intensiv aufnehmen und der Leichtigkeit mehr Platz in meinem Leben einräumen.

Dann malt mir Onkel Erich eine rosa Rose mit einer Träne und gibt mir den Rat: »*Male* und *lebe* diese Rose so lange, bis sich die Träne allmählich auflöst.«

Ich arbeite daran.

Natürlich freue ich mich sehr über diese Aufmunterung und die Hilfen aus der geistigen Welt. Ich bedanke mich herzlich, und mein Onkel Erich zieht sich – wie in einen Nebelschleier gehüllt – langsam wieder in die andere Dimension zurück.

Erkenntnisse meiner Großmutter

Sandra Baker, Medium

Ich war erst fünf oder sechs Jahre alt, als meine Großmutter väterlicherseits starb, aber an ihr Ende kann ich
mich aus folgendem Grund noch gut erinnern: Meine
Oma war ziemlich korpulent, und während der letzten Tage ihres Lebens mokierte sich die gesamte Familie
darüber, dass sie – trotz ihrer Leibesfülle und ihres bevorstehenden Todes – noch so viel aß. Meine Seele hat
keines der Gefühle vergessen, die mich damals sehr be-
drückten, als die Erwachsenen derart herablassend und
geringschätzig über Oma sprachen und sie regelrecht
ausgrenzten, weil sie allen so peinlich war. Und auch als
ich schon erwachsen war, stiegen immer, wenn ich mir
Bilder von ihr ansah, Traurigkeit, Mitgefühl und Wut
über die Ungerechtigkeit und die Ablehnung, die sie
durch ihre Umgebung erfahren hat, in mir auf.

Da in meinem eigenen Körper offenbar einige Gene

von Oma und meinem Vater – auch er war zu Lebzeiten recht rundlich – vorhanden sind, hat das Thema »Körpergewicht« in meinem bisherigen Leben einen nicht unwesentlichen Raum eingenommen. Viele, viele Diäten mit dem üblichen Jo-Jo-Effekt, von dem wohl jeder Übergewichtige ein Lied zu singen weiß, haben mich jahrzehntelang begleitet.

∞

Während der letzten sieben Jahre, in denen ich viele Medien kennenlernte, die Verbindungen zur geistigen Welt herstellen können, hoffte und wünschte ich oft: »Bitte, Oma, melde dich doch mal!« Ich wollte einfach von ihr wissen, wie es ihr jetzt geht und ob die Schmach, die sie wegen ihrer überflüssigen Pfunde hatte erleiden müssen, überwunden war.

Zeit verging.

Nach mehreren Jahren meldete sie sich überraschend während eines Seminars, und zwar durch das englische Medium *Sandra Baker*: »Da ist eine Frau, sie ist kleiner als du, recht kräftig gebaut ... eine mütterliche, nein, eher eine großmütterliche Energie.«

Ich strahlte. Da meine andere Oma stets schlank gewesen war, konnte es sich nur um Oma Anna handeln!

»Diese Frau schickt dir viel Liebe und teilt mit, dass sie großen Anteil an deinem spirituellen Werdegang nimmt.«

Ich war sehr erfreut und aufgeregt zugleich, denn ich hatte Oma Anna zwar längst erkannt, war aber doch überrascht, dass meine wiederholten Bitten nun endlich erhört worden waren. Nachdem Sandra weitere Erkennungsmerkmale (Kleidung, Haare, Brille) meiner Oma beschrieben hatte, fragte sie mich unvermittelt: »Möchtest du deiner Großmutter vielleicht etwas sagen oder sie etwas fragen?«

Das war möglich?! Nachdem ich innerlich ein wenig ruhiger geworden war, antwortete ich: »Ja, natürlich ... das, was ich schon immer wissen wollte ... Liebe Oma, danke, dass du gekommen bist. Bitte kannst du mir aufgrund deiner Erfahrung helfen und mir raten, wie ich mit meinem »Groß-und-kräftig-Problem« besser umgehen könnte, damit ich weniger darunter leide?«

Stille ...

Gedankenfetzen jagten durch meinen Kopf: Die Frage ist zu banal ... Sie wird nicht antworten, weil ich sie zu sehr an ihr Seelenleid erinnere ... Mit so etwas behelligt man die geistige Welt nicht ... Ende der Durchsage ... Nichts tut sich, das hab ich jetzt davon!

Sandra schmunzelte.

»Was ist?«, fragte ich gespannt.

»Deine Großmutter steht da, zeigt sich in ihrer ganzen Fülle, stemmt die Hände in die Hüften und schüttelt lächelnd den Kopf. Dabei übermittelt sie mir, dass sie in dein Herz hineinschaut, und da sei alles in bester Ordnung.«

Sandra machte eine kleine Pause, dann fuhr sie fort: »Deine Großmutter lässt dir sagen, der Leib sei nicht so wichtig. Sie wäre damals zu ihrer Zeit auf der Erde froh gewesen, so viele Möglichkeiten der Entfaltung auf *allen* Ebenen zu haben, wie du sie heute hast. Nutze sie. Das wird dich seelisch und geistig weiterbringen. Du hast soooo ein großes Herz.«

Ganz plötzlich war Oma Anna verschwunden. Ich saß mit hochrotem Kopf da und schämte mich. Das hätte ich nach all der spirituellen und medialen Arbeit, mit der ich mich beschäftigt habe, eigentlich selbst wissen müssen! Andererseits habe ich auf diese Weise erkannt – und das ist nicht unwichtig! –, dass uns die Seelen aus der geistigen Welt stets begleitend zur Seite stehen und sowohl unser Herz als auch unseren Geist erweitern, dass sie niemals müde werden uns zu ermuntern, zu erheitern und jenes innere Wissen in uns fördern, das wir aufgrund unserer Verbindung zur göttlichen Quelle alle bereits in uns tragen.

Nach dieser wunderbaren Sitzung löste ich mich von der Seminargruppe, ging etwa zwei Stunden (Seite an Seite mit meiner Oma!) am Waldrand entlang, spürte tief in mein Innerstes hinein und kam – mit Großmutters Hilfe – zu folgender Erkenntnis:

Wir *sind* Seelen und *haben* einen Körper, nicht umgekehrt!

Und so legen wir am Ende eines irdischen Lebens nur unseren materiellen Körper ab, diesen Körper aus Fleisch und Blut, der uns als Haus, als Fahrzeug gedient hat. Die Seele aber bleibt erhalten und lebt weiter. Alles, was Körper und Geist in einem Leben erschaffen und gesammelt haben, bleibt hier, wenn wir sterben, aber alles, was seelisch in uns gewachsen ist, nehmen wir mit. Mitgefühl, Liebe, Geduld, Lebensfreude, Demut, Dankbarkeit, Hilfsbereitschaft sind die wirklichen Früchte unseres Lebenswerks, nicht der schlanke, gut proportierte Körper, nicht das Einfamilienhaus, nicht die Ferienwohnung auf Mallorca, nicht der Doktortitel, nicht das dicke Bankkonto.

Natürlich hinterlässt alles, was wir in einem Leben erdacht und geschaffen haben, Spuren in unserem Seelengedächtnis. Natürlich sind viele Dinge, Errungenschaften und Aktivitäten gut und richtig für unser diesseitiges Leben, vielleicht sogar für die Nachwelt, aber: Wichtig für uns persönlich, für jeden Einzelnen von uns ist letztlich nur der Entwicklungsstand unserer Seele und bei allem, was wir tun und lassen, *die Absicht in unseren Herzen!* Wer mag, kann in der Bibel (1. Samuel 16, Vers 7) nachschlagen, wo es heißt: »Der Mensch sieht, was vor Augen ist, Gott aber sieht das Herz an.«

∞

Meine Körperwahrnehmung stellt heute weniger ein Problem für mich dar als eine Aufgabe, die mir Helfer aus dem Jenseits damals als wirklichen »Ein-fall« schickten, kurz bevor ich meinen Spaziergang durch die Natur beendet hatte. Die Meldung klang ungefähr so: »Heike, achte auf deinen Körper, damit die Seele Lust und Freude hat, darin zu wohnen.« Diese Aussage – von Oma oder wem auch immer – steht für mich nicht im Gegensatz zu den bisherigen Ausführungen, sie ist vielmehr eine wundervolle Ergänzung.

Wieder danke ich der geistigen Welt und all ihren fleißigen und wunderbaren Helfern sowie allen Medien, die sich als Verbindungskanal zum Jenseits zur Verfügung stellen, um uns auf die Sprünge zu helfen.

Hilfe bei ganz
profanen Dingen

Gaye Muir, Medium

Als ich mit meiner spirituellen Arbeit begann, lebte ich in einer großen Wohnanlage. In einem Jahr musste die Eigentümergemeinschaft außer den üblichen Rücklagen viel Geld für eine große Reparatur lockermachen, die sich über mehrere Jahre hinzog. Ich nahm Einsicht in die Planungs- und Abrechnungsunterlagen und stieß auf etliche Ungereimtheiten. Also ließ ich mir Kopien anfertigen, um alles noch einmal in Ruhe durcharbeiten zu können. Ich spürte deutlich, dass etwas nicht in Ordnung war (Bauchgefühl) und besprach mich auch mit meinem Mann.

Gemeinsam stießen wir nach und nach auf viele kleinere und größere Unregelmäßigkeiten, aber ein rechter »Durchbruch« gelang uns nicht. In dieser Zeit betete ich noch mehr als sonst und bat die geistige Welt um Hilfe. Ich wollte dieses leidige Thema natürlich möglichst schnell aus dem Kopf haben und auch meine Seele davon befreien.

Als ich wieder einmal an einem Seminar für Medialität teilnahm, hatte ich ein *Sitting* bei dem englischen Medium Gaye Muir. Zunächst meldete sich meine Mutter, dann erschien auch mein Vater, der unter anderem recht genau meine Wohnung beschrieb, auf die, wie er sagte, »dunkle Schatten« fielen.

»Welche Bedeutung haben diese Schatten?«, fragte ich ahnend.

Gaye schilderte meinen Vater als sehr aufgebracht über meine derzeitige Wohnsituation und die finanzielle Belastung. »Er rät dir, ein Amt aufzusuchen und die Zustände zu melden«, gab sie durch. »Es geht vieles unter dem Tisch ab ..., aber du brauchst keine Angst zu haben.«

»Wie dort gehandelt wird, das darf nicht sein!«, schickte mein Vater noch hinterher.

Nun gut, das sah ich genauso, aber ohne reale Anhaltspunkte und triftige Gründe konnte und würde ich nichts unternehmen. Ich bedankte mich bei meinem Vater, wünschte ihm alles Gute und versprach ihm, am Ball zu bleiben.

»Ich helfe dir«, übermittelte er durch Gaye, bevor er sich wieder zurückzog.

∞

Ein paar Monate später schrecke ich mitten in der Nacht aus dem Schlaf auf, sitze kerzengerade im Bett und habe den Satz wie eine Eingebung im Kopf: »Die Lösung liegt bei ... (hier folgen Name und Adresse einer Firma)!« Ganz aufgeregt laufe ich in das Zimmer, in dem wir die Unterlagen für die Wohnungsangelegenheit aufbewahren, blättere in den alten Rechnungen und finde tatsächlich den Vorgang, der bestätigt, dass offenbar nicht korrekt abgerechnet wurde. Ich bin sprachlos und wecke meinen Mann – nachts um vier Uhr. Wir staunen beide, einerseits über die Botschaft von »oben« und andererseits über die Tatsache, dass wir diesen deutlichen Hinweis trotz intensiven Suchens in den Unterlagen offenbar immer wieder übersehen haben.

Da sich die ganze Angelegenheit weder durch Schriftverkehr noch durch Gespräche klären ließ, sah ich mich genötigt, eine höhere (diesmal weltliche) Instanz einzuschalten, um Licht ins Dunkel zu bringen – wie es mir mein Vater geraten hatte.

Die Sache zog sich lange hin, ist aber letztlich für uns Wohnungseigentümer gut ausgegangen. Bei einer letzten Gerichtsverhandlung habe ich sogar ohne weltlichen Anwalt (ich hatte ja ausreichend Unterstützung von »oben«!) gegenüber den Ausführungen des Fachanwalts der Gegenpartei obsiegt. – Danke an Papa, an meine geistigen Helfer und an meinen Mann.

Es geht mir übrigens weder hier noch sonst um den »Sieg« oder das Rechthaben an sich. Vielmehr will ich mit diesem Beispiel klarmachen, dass uns die Verstorbenen auch weiterhin mit ihrem fachlichen Rat (mein Vater war zu seinen Erdenzeiten Steuerberater) zur Seite stehen, wenn wir uns an sie wenden und sie um Hilfe bitten. Darauf können wir uns fest verlassen.

Mein Papa ist ganz sicher sehr stolz auf seine Tochter – und ich erst auf ihn!

Engel, Geistführer und andere
hohe Herrschaften

Doris Forster, Medium
Erika Schulz, Medium

Während einer Veranstaltung mit englischen Medien teilte mir das deutsche Medium Doris Forster – sie hatte die Moderation übernommen – im Vorbeigehen mit: »Du hast »oben« einen Mönch als geistigen Helfer. Er ist klein, ein wenig korpulent und wirkt sehr lebenslustig.«

»Wie heißt er denn?«, rief ich ihr nach.

»Gib ihm einen Namen!«

Das war schwer! Benedikt oder Andreas, vielleicht Raphael oder einfach Franz? Es sollte schließlich der *richtige* Name sein, vom Gefühl her stimmig und angemessen. Ich entschied mich zunächst für Benedikt, aber so richtig gut fühlte sich der Name nicht an.

Wochen vergingen. Hin und wieder sprach ich meinen Helfer im Jenseits ganz mutig an, manchmal redete ich auch länger mit ihm, und immer öfter sah ich ihn recht deutlich vor meinem geistigen Auge. Er war nicht sehr groß, hatte ein kleines Wohlstandsbäuchlein und leicht schütteres Haar. Seine gesamte Gestalt war umhüllt von einer dunkelbraunen Kutte ohne Gürtel. Das freundliche Gesicht strahlte: leichte Pausbäckchen, weiche Gesichtszüge und wunderbar liebevolle, schelmisch blickende Augen! Benedikt (»der Gesegnete«) schien irgendwie doch nicht der passende Name für meinen Freund zu sein ... zu seriös. Schließlich beschränkte ich mich auf ein namenloses Du als Anrede.

Nach und nach ist mir der kleine Mönch sehr ans Herz gewachsen. Er ließ sich immer häufiger blicken, gab mir äußerst wertvolle Tipps und schickte gute Gedanken, worüber ich sehr froh war.

Nun ja, andere Menschen hatten offenbar höhergestellte Wesen als Helfer. So hörte ich immer wieder von Teilnehmern der Seminarrunde, dass für sie richtig große Geistführer als Mentoren und ganz hohe Meister mit besonders ausgewählten, oft unaussprechlichen Namen als Begleiter zur Verfügung standen. Einige behaupteten sogar, Buddha zu »channeln«, Gandhi und Jesus, ja sogar Gott. Ach, wie bescheiden ich mich doch dagegen ausnahm mit meinem kleinen Pater!

Apropos bescheiden: Das englische Wort *meek* bedeutet so viel wie »bescheiden, sanft« ... Paul Meek, das englische Medium aus München, fiel mir ein. Der hat sogar eine gewisse Ähnlichkeit mit meinem geistigen

Freund. Wenn das kein Hinweis von oben war! Fortan stand ich also in glücklicher Verbindung zu Pater *Paul*, meinem Helfer aus der geistigen Welt. Ich spürte ihn häufig in meiner Nähe, vor allem in Situationen, in denen ich mich unsicher fühlte und quasi in einer Zwickmühle befand.

»Bitte, melde dich!«

Wie oft habe ich diesen Ruf an ihn gerichtet, und ich kann sagen: Er war (und ist!) immer da, mal etwas leiser, aber oftmals auch sehr deutlich und kraftvoll. So auch in der kuriosen Situation, die ich nun schildern will:

Meine Freundin Erika (sie ist Medium und ein sehr gutes dazu!) und ich hatten uns dummerweise von zwei weiblichen Bekannten (hier I. und A. genannt) überreden lassen, uns mit ihnen an ein sogenanntes Ouija-Brett (Wahrsagebrett) zu setzen.

»Täglich befragen wir die Geister über dieses wunderbare Teil und bekommen immer die richtigen Antworten, ihr werdet sehen!«, schwärmten die engagierten Damen.

Während der kurzen Zeit, in der I. und A. das Brett aus dem Auto holten, wechselten meine Freundin und ich einen kurzen, aber vielsagenden Blick. Unser Innerstes wollte sich überhaupt nicht auf dieses spiritistische Experiment einlassen! Also schützten wir uns, schlossen unsere Aura, hüllten uns in Licht und beteten inständig: »Bitte, meldet euch! Helft uns, dass nichts von diesem

»Spuk« gelingt und wir durch nichts von alldem berührt werden können.«

Die Sitzung begann. I. stellte eine Frage, fuhr mit der Planchette (angeblich wird diese von den Geistern bewegt) über das Brett und landete bei NEIN.

A. war ganz aufgeregt. »Das gibt's doch gar nicht«, rief sie und versuchte es mit einer anderen Frage. Wieder NEIN.

»Das geht doch sonst immer.« Die beiden Damen, die bisher auf ihre Fragen anscheinend immer bei JA gelandet waren, starteten noch etliche Versuche. Nichts ging. I. und A. waren fassungslos und enttäuscht zugleich. Meine Freundin Erika und ich hingegen schwitzten Blut und Wasser, während wir immer wieder unhörbare Hilferufe nach »oben« schickten.

Wir arbeiten gern mit geistigen Wesen, aber die niederen, die sogenannten Foppgeister, die ihre Chance oftmals in Sitzungen mit dem Ouija-Brett oder auch beim Gläser- und Tischrücken ergreifen, müssen es nun wirklich nicht sein!

Da sah ich plötzlich »meinen« Mönch. Er stand da und lachte über uns, er lachte uns aus, mit den Worten, die ich ganz deutlich hörte: »Was macht ihr denn da? Das ist albern, unseriös und nichts für euch.«

Schließlich gaben I. und A. entnervt auf. Wir, zwei erschütterte und zwei überglückliche Menschlein, verließen den »Tatort« und setzten uns aufs Sofa. Und da erblickte ich ihn wieder. Er stand da, jetzt mit ernstem

Gesicht, und wirkte ein wenig betrübt. Jedenfalls übermittelte er mir dieses Gefühl. Das wiederum machte mich ein wenig traurig und Scham erfüllte mich. Als unser Besuch gegangen war, bedankten wir, Erika und ich, uns für die Hilfe aus der geistigen Welt und nahmen uns in Bezug auf derartige spiritistische Experimente fest vor: nie wieder!

Wenn uns Menschen bei Spukphänomenen in ihren Häusern um Hilfe bitten, setzen wir uns selbstverständlich auch mit diesen Geistern ernsthaft auseinander. Man sollte jedoch nie einfach aus Jux mit ihnen herumexperimentieren, denn das kann böse Folgen haben. Das Lachen vergeht einem schnell, wenn sich diese Wesen steigern – und das tun sie, sobald man sie ruft, ihnen Einlass gewährt und mit ihnen »spielt«.

Ein Reinigungsritual, das bei Spukphänomenen in Wohnungen und Häusern eingesetzt werden kann, findet sich im Anhang dieses Buches (ab Seite 170).

Lange Zeit war ich immer noch irgendwie im Zweifel darüber, ob es nicht doch wichtig wäre, einen jenseitigen Helfer beim Namen nennen zu können, wenn man Nachrichten aus der geistigen Welt erhalten wollte, einfach um sicherzugehen, dass man die richtige, die gewünschte Verbindung hatte, ähnlich wie beim Telefonieren. Da passierte mir Folgendes:

Bei Rückführungen arbeitet meine Freundin Erika oft als Volltrance-Medium und stellt ihren Körper für Seelenanteile der Klienten aus vergangenen Leben zur Verfügung. Einmal assistierte ich ihr bei einer solchen Rückführung, rief und bat den Heiler Bruno Gröning und den bekannten Arzt Dr. Fritz aus der geistigen Welt, Verbindung mit uns aufzunehmen und uns bei der geistigen Heilarbeit zu helfen. Da wandte sich die Seele des Klienten, die sich inzwischen in Erika eingefunden hatte, an mich und sagte: »Du brauchst keinen Namen zu nennen. Im Jenseits gibt es genügend Heiler, Ärzte und Helfer, und es kommen immer die, die sich selbst dafür entscheiden zu helfen und die sich in diesem Augenblick für euere Arbeit zuständig fühlen.«

Das war eine deutliche Ansage, die wir seit damals berücksichtigt haben und die auch in Zukunft für uns gelten soll. Deswegen spreche ich auch meinen lieben Freund, den kleinen Mönch wieder mit dem namenlosen Du an, diesmal jedoch mit einem guten Gefühl!

Eine weitere Bestätigung dieser Aussage erhielt ich auf einem Kongress, auf dem ein chinesischer Meister durch ein bekanntes englisches Volltrance-Medium auf Fragen aus dem Publikum antwortete. Ein Kongressteilnehmer fragte gezielt, ob es für die spirituelle beziehungsweise mediale Arbeit oder für Menschen, die mit »oben« kommunizieren wollen, von Bedeutung sei, die Namen der geistigen Wesen zu kennen. Die Antwort des Meisters lautete: »*Wir* entscheiden, ob wir uns mit Namen zu erkennen geben oder nicht. Ihr mögt zwar darum bitten, aber ihr könnt ohnehin nichts fordern, nichts ab- oder herbeirufen oder gar erzwingen. Alles fließt aus göttlicher Quelle, und es fließt stets »von oben nach unten«, um es so auszudrücken, wie ihr es versteht.«

Fazit

Nicht wir hier auf der materiellen Ebene können bestimmen, welche Verstorbenen, geistigen Helfer, Engel, Meister oder Geistführer sich melden. Es ist vielmehr der freie Wille derer im Jenseits, die sich für eine Kontaktaufnahme mit uns bereit erklären. Und letztlich ist Gottes Wille maßgebend dafür, wann, wie und durch wen uns Hilfe, Rat, Trost und Nachrichten zuteil werden. Dies ist durchaus als Verheißung zu verstehen, und zwar im Sinne dessen, was in Matthäus 7, Vers 7, steht: »Bittet, so wird euch gegeben. Suchet, so werdet ihr finden. Klopfet an, so wird euch aufgetan.«

In diesem Zusammenhang sollten aber auch immer die Einsicht und die Erkenntnis stehen, dass nicht unser, sondern Sein Wille geschieht. Ferner halte ich es für sehr wichtig zu erwähnen, dass diese Zusage aus dem Matthäus-Evangelium nicht nur für Medien, Hellseher, Heiler und andere sogenannte Profis gilt, sondern ebenso für jeden Einzelnen von uns, aber auch für Paare, für Familien, für Gruppen und Völker, und dies stets in Zusammenhang mit dem Wohl für das große Ganze.

Bis heute ist mein Freund aus der geistigen Welt in meiner Nähe – in Gedanken, mit Ideen, mit einer Prise Humor, mit Nachrichten, Hinweisen, Lob und ganz, ganz viel Liebe! Und bei unserer letzten Sitzung, vor der wir beteten und darum baten, ein Helfer aus dem Licht möge sich für die Beantwortung unserer Fragen zur Verfügung stellen, meldete sich ein Wesen durch Erika und begrüßte uns mit den Worten: »Friede sei mit euch. Mein Name ist Samuel (von Gott erhört).«

Wie wunderbar!

Und ich sehe meinen lieben Freund, den kleinen Mönch in der Ferne stehen und lächeln …

Während einer Sitzung mit eben diesem Samuel aus der geistigen Welt wollte eine Frau unbedingt den Namen ihres Schutzengels wissen. (Es war ihr offensichtlich sehr wichtig, und ich merkte ihr auch an, dass sie einen außergewöhnlichen Namen erwartete.) Die Antwort lautete: »Ich bin ein männliches Wesen, darauf lege ich Wert, und mein Name ist Dagobert.« Stille.

Dann wurde hinzugefügt: »Ich weiß, dass man mit meinem Namen Schwierigkeiten hat, aber ich wünsche keine Abkürzung!«

Erika und ich mussten uns ein Schmunzeln verkneifen

(Humor zeigt die geistige Welt immer wieder und in allen Facetten), aber wir erkannten auch die Lektion, die der Dame offensichtlich von »oben« erteilt werden sollte: Es müssen eben nicht alle Engel Raphael, Benedikt oder Regina heißen, auch Emmas, Huberts und Heinrichs sollten uns willkommen sein, denn:

Wer auf der Suche nach Engeln ist und stets nur auf die wunderschönen majestätischen Flügel schaut, der darf sich nicht wundern, wenn er eine Gans mit nach Hause bringt!

Eine hohe »Trefferquote« erfreut alle

Werner Brodesser, Medium

Sehr beeindruckt war ich in den Jahren 2004/2005 von zwei Sittings bei Werner. Er ist ein lebhafter, fröhlicher Mensch und – im Vergleich zu den mir sonst bekannten Medien – außerordentlich schnell mit seinen Übermittlungen. Daher gibt er natürlich überaus viele Informationen von »oben« durch und ist in den Bereichen des Hellsehens, Hellfühlens und Hellhörens ein äußerst treffsicheres Medium.

Seine Aussagen aus den damaligen Sitzungen erwiesen sich als die eines guten Wahr(= richtig)sagers. Seine Beschreibungen des Aussehens, der Charaktereigenschaften und der Lebensgewohnheiten jenseitiger Menschenseelen, aber auch die Aussagen über meine Person waren richtig, und gewisse, mich betreffende »Voraussagen« aus der geistigen Welt haben sich in der Folgezeit tatsächlich bestätigt, zum Beispiel:

1. »Du hast zwei Bücher geschrieben.«
   »Ja, stimmt.«

2. »Ein drittes ist in der Mache.«
   »Nein.«
   »Doch, oben schon. Deine Mutter wird dich dabei unterstützen.«
   (Dies hat sich inzwischen bestätigt. Das Buch, das Sie gerade in Händen halten, ist besagtes drittes.)

3. »Du hast eine Schwester hier auf der Erde.«
   »Ja, das stimmt.«
   »Euer Verhältnis ist angespannt, nicht wirklich schwesterlich.«
   »Stimmt auch.«
   »Es steht für dich das Thema ›Verzeihen und Loslassen‹ an.«
   (Dies hat sich im Laufe der Zeit bewahrheitet.)

4. »Du hast ein Kind hier unten und eines in der geistigen Welt.«
   »Ja.«

5. »Das Kind hier …, ein Mädchen?«
   »Ja.«
   »Sie ist sehr hübsch.«
   »Ja.«

6. »Du bist in deiner ersten Lebenshälfte etwas gebremst worden (Umwege, Schwierigkeiten, Stolperfallen u. ä.).«
»Ja, kann ich so sagen.«
»Seit einiger Zeit bist du aber ganz frei und gehst *deinen* Weg.«
»Ja, seit 1997 fühle ich mich wirklich frei (Mutters Heimgang, Ausstieg aus dem Beruf, eigene kleine Wohnung, Beginn der spirituellen Arbeit).«

7. »Ich bekomme den Namen *Karl* ... und die Zahl 93.«
»Das ist mein Vater. Er ist 1993 verstorben.«
»... und *Josef* ...«
»Das ist der zweite Vorname meines Mannes.«

8. »Beide Männer haben ein und dieselbe Fähigkeit oder Begabung.«
»Ja, beide sind firm im kaufmännischen Bereich.«

9. »Dein Vater oben und dein Mann bringen dir davon eine gehörige Portion bei.«
»Nein, das ist so gar nicht mein Metier.«
(Hat sich aber inzwischen bewahrheitet.)

10. »Dein Vater lässt dir sagen, dass er stets ganz in deiner Nähe ist und dich auf deinem Weg begleitet.«
»Danke, Papa, das ist wunderbar!«

Zum Heimgang meines Vaters

1. »Dein Vater ist einige Zeit vor deiner Mutter gestorben.«
   »Ja, ein paar Jahre vor ihr, das stimmt.«

2. »Ich rieche Äther, ein Zeichen dafür, dass dein Vater offenbar in einem Krankenhaus starb.«
   »Ja, das stimmt auch.«

3. »Ich habe Rückenschmerzen ... oh, der ganze Körper scheint betroffen gewesen zu sein. Dein Vater
   hatte zum Schluss große Schmerzen!?«
   »Ja, Vater litt an Osteoporose.«

4. »Dein Vater ist von vielen Menschen umgeben, er
   liebt(e) wohl die Geselligkeit ...«
   »Ja, mein Vater war sehr gern mit Leuten zusammen.«
   »Er trank mit ihnen auch ganz gern mal einen.«
   »Ja, das auch.«

5. »Er zwinkert mir zu, scheint ein lustiger Typ gewesen zu sein.«
   *»Ja, mein Vater war fröhlich, und er liebte Menschen
   mit Humor.«*

6. »Dein Vater spricht einen leichten Dialekt, so etwa
   ›da kütt de Hein‹ ...«

»Ja, das ist richtig. Mein Vater stammt ursprünglich aus dem Ruhrpott, also genauer gesagt aus Duisburg.«

7. »Er war für dich mehr Vater als Papa, so wie deine Mutter auch mehr Mutti als Mama war. Ich spüre eine gewisse Distanz zwischen Eltern und Kindern.«
   »Ja, das stimmt auch.«

8. »Dein Vater dankt jetzt deinem Mann.«
   »Hm?«
   »Ja, er dankt dafür, dass er dich lässt …, was immer das heißt.«
   »Ja, ich bin ihm für seine Großzügigkeit auch dankbar, das stimmt.«
   »Die spirituelle Arbeit ist nicht so sein Ding. Er geht nicht mit allem konform.«
   »Das ist richtig.«
   »Auch darin lässt er dich …«
   »Ja, und das ist wunderbar!«
   »Er sieht deine Bücher, liest die Titel …, dann ist's gut.«
   »Ja, so ungefähr.«
   »Aber ein bisschen wird abfärben …«
   »Ja, ich hoffe das und merke es auch manchmal schon.«

9. »Weihnachten war für deinen Vater immer besonders schön ..., auch bei euch, in deiner Familie ..., sowieso liebte er Familienfeste.«
   »Ja, sehr. Es stimmt alles.«

10. »Es muss da etwas ganz Besonderes gewesen sein, als du dich von deinem Vater verabschiedet hast ... kurz vor seinem Tod.«
    »Ja ...«
    (Ich muss schlucken, Tränen treten mir in die Augen, und ich erinnere mich:)

In ihren späten Lebensjahren hatten meine Eltern die Angewohnheit, sich manchmal während einer Feier in kleinerer, aber auch in größerer Gesellschaft quer durch den Raum laut zu fragen: »(Karl/Emma), liebst du mich noch?« Und der (die) Partner(in) antwortete stets: »Ja, mit derselben Wucht wie vor dreißig, vierzig oder fünfzig Jahren.« Dann lachten alle.

Anfangs fand ich das auch noch ganz lustig, aber weil es sich stets in derselben Art und Weise und auch im Wortlaut wiederholte, wurden mir diese Situationen mit der Zeit ein wenig peinlich und unangenehm. Schließlich wusste fast jeder, was kam (wie bei einem Witz, dessen Pointe man bereits kennt), und *doch:* Für meine Eltern muss es ein gutes Gefühl gewesen sein, das sie in dem Moment offensichtlich noch einmal ganz fest miteinander verband.

Als mein Vater Jahre später im Sterben lag (mehrere Schlaganfälle hatten sein Gesicht bereits stark verändert), wurde meine Mutter, die zu der Zeit demenzkrank war und sich bei einem Sturz aus dem Bett mehrere Rippen gebrochen hatte, zu meinem Vater aufs Zimmer im selben Krankenhaus gelegt.

Zwei alte, kranke Menschen ... ein Ehepaar ... meine Eltern. Da lagen sie nun, jeder in seinem Bett, beide vereint im selben Raum, aber mein Vater konnte auf Mutters Erscheinen körperlich nicht mehr reagieren, weder mit Augenkontakt noch mit Sprache oder Hinwendung, und meine Mutter nahm die Anwesenheit ihres Mannes im Nachbarbett offensichtlich überhaupt nicht wahr. Jedenfalls zeigte sie keinerlei Reaktion, geschweige denn irgendeine Art von Interesse.

Mehr als fünfzig Jahre lang waren sie nun miteinander verheiratet, hatten viele Höhen und Tiefen in einer recht harmonischen Ehe miteinander durchlebt und lagen jetzt nebeneinander, wie es schien ohne eine wirkliche Verbindung. In diesem Augenblick der Trostlosigkeit half mir die geistige Welt mit einem Impuls, einem deutlichen Hinweis. Ich sprach meine Mutter an: »Guck mal, Mutti, in dem Bett hier neben dir liegt Vati.« Keine Reaktion. Sie erkannte ihn nicht, verstand vielleicht auch gar nicht recht, was ich sagte.

Doch in dem, was nun folgte, sehe ich eindeutig die Hilfe aus der geistigen Welt. Spontan animierte ich meine Mutter: »Frag Papa doch mal was!« ... Nach einem kurzen Moment der Stille kam es prompt und munter aus dem Mund meiner Mutter: »Liebst du mich noch?«

Ich schaute erstaunt und gespannt auf meine Eltern. Da »antwortete« mein Vater, wobei er den schiefen Mund zu bewegen versuchte und einige unverständliche Laute aus seinem Mund hervorholte: »Mit derselben Wucht wie vor … Jahren.«

Akustisch konnte ich die Antwort natürlich nicht deutlich verstehen, aber ich spürte und wusste, dass mein Vater Muttis Frage verstanden hatte und dass sich beide Seelen in dieser Sekunde wieder ganz nah waren und miteinander verbunden fühlten.

In der darauf folgenden Nacht starb mein Vater und ging den Weg in die andere Wirklichkeit.

Was meine Mutter betrifft, so nimmt auch sie hin und wieder Kontakt zu mir auf, aber seltener und viel verhaltener. Und doch war sie es, die mir dadurch, dass sie sich mit dem Sterben so lange Zeit ließ (es hat etwa dreieinhalb Jahre gedauert, bis sie die Welt endgültig verließ), viel Zeit und die Möglichkeit gab, Fuß zu fassen. Oder besser: Sie hat mir die Zeit gegeben, die ich brauchte, bis sich mein Herz von der spirituellen und medialen Arbeit anrühren ließ. Ihr *Warten* und ihr *Tod* bedeuteten für mich *Beginn* und die *Geburt* in meine Arbeit mit der geistigen Welt.

Danke dafür, liebe Mutti!

Nur die Liebe zählt

Wie Erika und ich bei unserer Rückführungsarbeit immer wieder erfahren, gibt es in der geistigen Welt offenbar verschiedene Einstufungen für die Seelen, im Sinne von »Im Haus meines Vaters sind viele Wohnungen. Ich gehe hin, euch eine Wohnung zu bereiten« (Johannes 14, Vers 2). Wesen mit der gleichen Schwingung und dem gleichen seelischen Entwicklungsstand sind im Jenseits beieinander, wobei dort im Hinblick auf die Menschenseelen anderer Sphären weder ein Vergleichen und Werten noch ein Urteilen oder gar Aburteilen stattfindet. Keiner wird »verdammt«, »gerichtet«, bestraft oder bevorzugt. Die alle und alles umfassende bedingungslose Liebe Gottes umfängt jede Menschenseele ihrem jeweiligen Wesen entsprechend. Und so übermitteln uns auch die verschiedenen Engel, Geistführer, Helfer und Lehrer aus dem Jenseits – wiederum entsprechend unseres seelischen Entwicklungsstandes – Lob, Tadel, Botschaften und Hinweise verschiedenster Art. All diese Zu-Recht-Weisungen und Hilfestellungen, die uns von »oben« zuteil werden, sind tröstend und ermutigend zugleich, da sie von Liebe, Mitgefühl und unendlichem Wohlwollen getragen werden.

Auch ich habe sowohl Lob als auch Tadel von Engeln und Lehrmeistern erhalten und dabei stets gespürt, dass die Aussagen – abgesehen davon, dass alles genau »passte« – durch und durch von Liebe getragen waren. Das Einzige, was ich zum Gelingen des himmlischen Unterrichts beitragen musste, war, mein Herz zu öffnen, mich anrühren zu lassen und die Liebe anzunehmen.

Val Morrisson, Medium

In einer Sitzung übermittelte mir das Medium Val Morrisson Folgendes von einem meiner geistigen Helfer oder Lehrer:

- »Du hast einen großen Schritt im Spirituellen getan. Darüber herrscht hier große Freude.«
- »Zurzeit hast du einen guten Stand, und es steht eine erfreuliche Entwicklung in Aussicht.«
- »Deine intuitive Fähigkeit ist sehr gut.«
- »Deine Aufgaben sind Helfen und Heilen.«
- »Du hast viel Energie. Die geistige Welt freut sich über deine positive Lebenseinstellung.«
- »Du bist vielseitig begabt und strahlst Wärme aus.«
- »Sei weiterhin offen, loyal und wahrheitsliebend.«
- »Du hältst dein Leben in guter Balance zwischen geistigen und materiellen Belangen.«

- »Lerne weiter und entwickle dich!«
- »Geh *deinen* Weg weiter!«

Wenn das kein Grund zur Freude ist!

Aber ich erhielt auch Ermahnungen, direkte Kritik und klare Anweisungen meiner Freunde im Jenseits.

Stefanie Ponto-Bodner, Medium

- »Du kannst schlecht akzeptieren, was dir nicht gefällt. Hab Geduld und übe Toleranz!«
- »Achte noch besser darauf, andere Menschen nicht zu bewerten, zu kritisieren oder gar zu kränken!«
- »Verinnerliche, dass niemand besser ist als der andere, eben nur anders!«
- »Sei nicht immer so eilig. Geh vor allem den spirituellen Weg langsam!«
- »*Tue* und *betrachte* alles mit Bedacht. Zeit spielt gar keine Rolle!«
- »Lade dir nicht so viel von anderen Menschen auf, dann hast du auch keine Nacken- und Rückenprobleme mehr!«
- »Steige aus dem Muster *Erst die anderen, dann ich* aus!«
- »Du solltest mehr meditieren. Sei dabei aber nicht wieder so ungeduldig!«
- »Glaube nicht, du müsstest in der Lichtarbeit immer mehr tun, sodass immer mehr Termine dein Le-

ben bestimmen. Qualität hat einen höheren Wert als Quantität.«

- »Mach mehr Pausen …, auch Urlaub. Geh viel in die Natur und hole dir dort neue Kraft.«

Wenn diese ermutigenden Durchsagen kein Grund zum Lernen und Weiterentwickeln sind!

Entmutigende Durchsagen habe ich übrigens noch niemals erhalten, und das liegt ganz sicher nicht an mir, an meiner Persönlichkeit, sondern wiederum ganz allein an der übergroßen Liebe, die Gott uns Menschen schenkt, und an dem tiefen Mitgefühl seines unermüdlich tätigen »Personals«!

Geistwesen klopfen nicht nur bei uns an …

Der Bereich des Spuks und der Geistererscheinungen gestaltet sich so vielfältig, dass ich hier nur Beispiele anführen kann, die im Zusammenhang mit meiner Arbeit stehen. Ansonsten verweise ich auf die entsprechende Literatur der Parapsychologie und anderer Grenzwissenschaften.

Ereignisse und Erscheinungen, die darauf hinweisen, dass die geistige Welt Kontakt mit uns aufzunehmen versucht, sind nichts Neues. Propheten, Orakel, Weissagungen, sogenannte Wunder und andere außergewöhnliche Vorkommnisse hat es zu allen Zeiten gegeben, und vieles davon findet sich auch in der mystischen Tradition des Christentums. Heute üben Bücher und Filme wie *Solange du da bist*, *Weissagungen aus dem Jenseits*, *Ghost (Nachricht von Sam)*, *Hinter dem Horizont* und *Musik aus dem Jenseits* eine große Anziehungskraft auf viele aus. Anfangs ist es vielleicht bloße Neugier, die Menschen dazu treibt, sich für solche Themen zu interessieren, später aber oft auch ein tiefes Bedürfnis nach Wissen um die Zusammenhänge zwischen Himmel und Erde, zwischen Geistern und Menschen.

Wenn wir den innigen Wunsch »Bitte, melde dich!« an unsere Lieben im Jenseits richten, machen diese sich manchmal durch Klopfzeichen, flackerndes Licht und das Verrücken leichter Gegenstände bemerkbar oder durch Versuche, als sogenannte Ein-fälle, in Träumen, über Tonbandstimmen und vieles andere zu kommunizieren.

Seelen, die noch nicht ins Licht gefunden haben, haben außerdem das dringende Bedürfnis, auf sich aufmerksam zu machen und ihre Daseinsberechtigung vehement einzufordern. Vor solchen – meist ungebetenen – Gästen braucht man jedoch keine Angst zu haben. Sie alle sind in irgendeiner Weise Leidende und bedürfen unserer Hilfe. Mit Gebeten und Ritualen für ihre Heimkehr ins Licht, in ihr ewiges Zuhause, waren wir bei unserer Arbeit bisher sehr erfolgreich. Und auch wenn es scheinbar nicht weiterging und ich schon am Verzweifeln war (diese Wesen können natürlich auch frech, ordinär und anmaßend erscheinen), haben uns *Gebet und Fürbitte* stets geholfen. Auf jeden Fall wirken Gebete, Mitgefühl und die Aufklärung ihrer Situation besänftigend auf diese Seelen und bewegen sie zu einer Richtungsänderung oder sogar zum Rückzug.

Aggressives, zynisches und in anderer Weise unkooperatives Verhalten zeigt sich aber nicht nur bei den oft verblendeten, niederen Geistern aus der anderen Wirklichkeit oder bei längst verstorbenen Menschenseelen, die nicht wissen, dass sie tot sind. Es können auch Anteile unserer eigenen Seele sein, die sich uneinsichtig, aggressiv und in unflätiger Sprache bemerkbar machen, wie das folgende Beispiel verdeutlicht:

Nach einem meiner Vorträge zum Thema »Wiedergeburt« beschlossen wir – Erika, das Medium, und ich – den Zuhörern die Rückführung eines Klienten in eines seiner früheren Leben zu demonstrieren. Da wir diese Arbeit sonst nur im kleineren, privaten Kreis durchführen, hatte ich gewisse Bedenken, sie nun öffentlich und vor fremdem Publikum zu zeigen. Was, wenn vielleicht ein nicht so glattes, harmonisches und für alle akzeptables Leben ans Licht käme? (Aber welches Leben ist schon glatt, harmonisch und für alle akzeptabel?!) Mein Ego lief zur Höchstform auf: Ich wollte mit Erika und unserer Arbeit einen guten Eindruck machen, gerade bei einem so »frag-würdigen« und keinesfalls selbstverständlichen Thema. Also wählte ich aus meinem Bekanntenkreis Sarah M., eine höfliche Dame mittleren Alters, aus, die mir zum »Vorführen« gerade passend erschien.

Sarah M. (die meine Einladung freudig lächelnd angenommen hat) setzt sich neben das Medium auf einen Stuhl, und Erika ergreift ihre Hand. Binnen drei Sekunden fällt das Medium in Trance, und Frau M. nimmt wieder im Publikum Platz.

Ich sage: »Guten Tag.«

Doch statt mir zu antworten – wie sonst üblich – keift mich die Seele, die sich in Erika eingefunden hat, an: »Was willst du von mir? Hau ab!«

Ich frage weiter, ob sie eventuell jemanden im Raum kennt.

Sie erkennt sich in Frau M., keift aber weiter: »Von der will ich nichts wissen! Was soll ich überhaupt hier?«

Als ich antworten will, fährt der Seelenanteil wütend fort: »Ein Scheißleben habe ich, nur Arbeit, Arbeit, Arbeit … Alles ist ungerecht … Mein Vater ist ein faules Tier, lässt uns alles allein machen …«

Ich versuche, den Seelenanteil von Sarah M. zu beruhigen, aber er lässt es einfach nicht zu. Ich schwitze Blut und Wasser, mein Herz rast, bestimmt habe ich einen hochroten Kopf. Im kleineren Rahmen würde ich mich jetzt sicher etwas intensiver mit der Frau beschäftigen, aber hier vor Publikum … Was soll ich bloß machen?

»Lass mich zufrieden, hau ab, ich sag jetzt überhaupt nichts mehr«, winkt die Seele ab und schickt unflätige Flüche durch den Raum.

Endlose Stille … So etwas habe ich überhaupt noch nicht erlebt!

Ich schaue verlegen ins Publikum. Lauter gespannte, ernste Gesichter. Oder grinsen da vielleicht auch einige Leute ganz schadenfroh? (Das Ego lässt grüßen!)

Hilfe! Was soll ich bloß machen? Und ich hatte doch alles so gut durchdacht und auf Erfolg ausgerichtet. Ich fühle mich nicht nur völlig machtlos, ich *bin* machtlos, wie erstarrt. Und alles ist mir so peinlich!

Plötzlich ist es, als klopfe mir von innen oder oben jemand an den Kopf. Jemand klopft an und fordert mich auf: »Bete!« Wo kommt denn dieser Gedanke, dieser Einfall her? Da erst merke ich, dass ich von der geistigen Welt quasi aus meiner Starre geschubst werde: »He, Heike, melde dich!«

Ich falte die Hände. Aufgeregt und etwas zittrig, aber ganz tief von innen heraus (*inbrünstig*, ein wundervoll passendes Wort) bitte ich Christus um Hilfe. Ich bitte ihn laut und vor Publikum (und nichts ist mir mehr peinlich), er möge uns ein Leben der Sarah M. zeigen, in dem es ihr besser ergangen ist. Und vielleicht wäre ja ein anderer Seelenanteil heute Abend offen für eine normale und vielleicht freundlichere Kommunikation ...

Sekunden später meldet sich in Erika ein freundliches zehnjähriges Mädchen. Sie redet bereitwillig mit mir, und wir erfahren etwas über ein interessantes Leben in Österreich um 1736. Die Rückführung ist gut und erfolgreich verlaufen, denn zum einen wurde Frau M. nun auch eine »positive« Seite ihres Wesens gezeigt. Zum anderen konnten wir dem Publikum einen guten Einblick in unsere Arbeit geben.

∞

Nachdem unser medialer Abend nun doch noch erfreulich ausgeklungen war und ich mich von dem Schock erholt hatte, erkannte ich das Heilsame an diesem Erlebnis und die Lektion, die für mich bestimmt war:

Auch bei dieser Arbeit entscheiden nicht wir, ob und wie sie gelingt. Natürlich braucht es für die mediale und spirituelle Arbeit generell seriöse und gute Medien, Heiler und Lehrer, aber letztlich sind es immer die wunderbaren Helfer, Engel und andere liebevolle (aber auch energische) Wesen aus der geistigen Welt, die uns in Gottes Auftrag und nach seinem Plan führen, aufmuntern, belehren und manchmal auch »zurechtrücken«.

Vielleicht sollten wir Menschen auf der Erde uns viel öfter auf einen solchen Ruf aus der geistigen Welt einstellen, ja sogar mit ihm rechnen, damit es uns gut geht und wir Erfolg haben, damit wir uns freuen und auch erkennen können, dass uns, wenn alle Wege verstellt sind oder verstellt scheinen, nur der Weg nach oben bleibt!

... sie besuchen uns auch manchmal

Wie schon erwähnt, bin ich mit dem Medium Erika Schulz befreundet. Sie ist meiner Ansicht nach ein ganz besonderes Medium, und das nicht, weil sie meine Freundin ist, sondern weil sie eine Fähigkeit besitzt, die man offensichtlich nicht erlernen kann. Jedenfalls kenne ich kein anderes Medium, das so arbeitet, wie sie es tut.

Als Erika Schulz um 1990 medial zu arbeiten begann, hatte sie dabei stets das Bedürfnis, die Menschen, die zu ihr kamen und sie um Hilfe baten, auf eine ganz bestimmte Art anzufassen. Kurz nachdem eine solche körperliche Verbindung (das Medium ergreift mit der linken Hand von oben her die rechte Hand des Klienten) hergestellt worden war, fiel Erika in eine sogenannte Halbtrance, das heißt, sie befand sich in einem Wach-Schlaf-Zustand, in dem sie das, was durch sie »kam«, selbst mit anhören konnte. Stets kam ein vergangenes Leben des betreffenden Klienten mit all seiner Problematik ans Licht, und die Lebensgeschichte beziehungsweise die Todesursache so mancher Person hat Erika bis in den Schlaf hinein verfolgt und bewegt. Das war sehr belastend, und Erika fühlte sich oft bedrückt und erschöpft.

Damals betete sie viel und bat die geistige Welt, künftig in Volltrance gehen zu dürfen. Gott sei Dank fiel sie eines Tages während einer Sitzung mit einem Klienten binnen Sekunden in Volltrance, und das ist bis heute so geblieben. Erika weiß also weder, *wer* durch sie spricht, noch bekommt sie etwas von dem mit, *was* durch sie gesprochen wird. Auch nach dem Aufwachen hat sie keine Erinnerung an das, was sie gesagt und durchlebt hat.

Während sie sich im Zustand der Volltrance befindet, scheint Erikas Seele ihren Körper zu verlassen (Menschen, die aurasichtig sind, nehmen ihren Seelenkörper neben oder manchmal auch hinter ihrem materiellen Körper stehend wahr). Dafür findet sich ein Seelenanteil eines anderen Menschen (des Klienten) aus einem vergangenen Leben in ihr ein, der sich dann über beziehungsweise durch sie mitteilt, und zwar mit ihrer Stimme, ihrer Gestik und ihrer Mimik.

Bei dieser Arbeit braucht sie natürlich eine Begleitung. Das bin ich, und zwar schon seit mehreren Jahren. Ich begleite Erika, während sie sich in Trance befindet, und spreche mit der Seele, die sich in ihr eingefunden hat, über die Problematik und den Verlauf des damaligen Lebens, über Erinnerungen und Verbindungen zum jetzigen Leben, über die Todesursache und den Übergang in die geistige Welt. Bei dieser Arbeit erfahren wir auch viel über das Wunderbare, das uns allen, jedem, wie es ihm gemäß ist, im Jenseits einmal begegnen wird.

Dass zwischen einem Volltrance-Medium und seiner Begleitperson ein absolutes Vertrauensverhältnis bestehen muss, ist – denke ich – selbstverständlich. Mindestens ebenso wichtig ist es aber auch, dass man sich als Begleiter(in) stets der großen Verantwortung bewusst ist, die man trägt, und zwar

1. für das Medium, in diesem Fall Erika,
2. für den fremden Seelenanteil im Medium,
3. für den Klienten,
4. für sich selbst und ganz sicher auch
5. für die Gäste, die bei einer solchen Rückführungsarbeit eventuell anwesend sind.

Erika bietet ihre besondere Arbeit als Volltrance-Medium bei Rückführungen in vergangene Leben nun schon seit fast 15 Jahren erfolgreich an. Natürlich hat sie auch noch andere mediale Begabungen, aber viele Jahre lang traute sie sich nicht, beispielsweise Verbindungen zu Verstorbenen herzustellen. Stets schwang etwas Angst mit. Wovor? Das wusste Erika selbst nicht so genau.

Immer wieder haben wir im kleinen, vertrauten Kreis diesbezüglich Versuche gestartet, und sämtliche Durchsagen von Verstorbenen, die sich meldeten, waren gut und richtig gewesen, die Arbeit wirklich vielversprechend. Wenn es aber darum ging, dass Erika für fremde

Menschen eine Botschaft aus der geistigen Welt übermitteln sollte, traute sie sich wieder nicht und verschob
alles auf »später«. Ich verglich dieses Verhalten oft mit
der Scheu, die ich als Kind hatte, wenn ich »vor Leuten«
etwas auf dem Klavier vorspielen sollte: Lampenfieber.
Das, denke ich, wird es auch bei Erika gewesen sein.

Im September des Jahres 2006 wurde Erika dann von
der Seele eines kurz zuvor Verstorbenen regelrecht verfolgt und derart bedrängt, dass sie den Ruf »Hör mir zu,
trau dich endlich und hilf mir, bitte!« von der anderen Seite hören *musste* und auch erhörte und sich – endlich! – als
Mittlerin zwischen den Welten zur Verfügung stellte.

Am Spätnachmittag des 1. September 2006 rief mich
meine Freundin Bianka Sch. an, um mir mitzuteilen, dass
ihr Mann Herbert, der schon längere Zeit in einem Pflegeheim gelebt hatte, um die Mittagszeit desselben Tages
verstorben sei. Obwohl sie mit seinem Heimgang ge-
rechnet hatte, war er dann doch zu plötzlich gegangen,
sodass sie nicht anwesend sein konnte, und beide keinen
rechten Abschied voneinander hatten nehmen können.
Bianka bat mich, ihr am nächsten Tag bei den Formali-
täten im Beerdigungsinstitut zu helfen, und ich sagte zu.

Meine andere Freundin, besagtes Medium Erika, die
mich am Wochenende besuchen wollte, bat ich deshalb,
am Samstag erst etwas später anzureisen. Sie kam gegen
14:00 Uhr bei mir an, und wir bummelten noch ein wenig durch die Einkaufsstraßen meines Wohnortes. Das
traurige Ereignis hatte ich Erika gegenüber nur kurz er-

wähnt, denn ich selbst hatte Herbert zwar gekannt, aber befreundet war ich nur mit seiner Frau. Die kannte ich gut, ihn weniger.

In der Nähe des Hauses, in dem Bianka und Herbert eine Ferienwohnung haben, wurde Erika unruhig, sagte aber zunächst nichts. Etwa 200 Meter weiter bat sie mich plötzlich: »Können wir jetzt zu dir nach Hause gehen und vielleicht dort einen Kaffee trinken?«

Warum nicht? Ein paar Minuten später saßen wir bei Kaffee und Kuchen auf dem Balkon meiner Wohnung. Irgendwann setzte Erika ganz unvermittelt ihre Tasse ab und bat: »Können wir mal arbeiten?«

»Ja ... aber was denn ... und warum gerade jetzt?«

Da brach es förmlich aus ihr heraus: »Ich werde von einem Geistwesen bedrängt. Seit wir an dem Haus da vorn vorbeigegangen sind, verfolgt mich hier, an meiner rechten Seite ein Mann im Jagdanzug. Und er ist immer noch da ... Der will etwas sagen ... aber ich möchte auch, dass er wieder geht.«

Herbert war Jäger gewesen. Das wusste ich, aber Erika wusste es nicht! Ich hatte ihr auch nichts von Bianka, Herbert und seiner Krankheit beziehungsweise seinem Sterben erzählt. Ich spürte deutlich, dass sich die geistige Welt heute besonders vehement bei uns (vielmehr bei Erika) bemerkbar machen wollte. Also gingen wir ins Wohnzimmer, sprachen ein Gebet und baten die geistige Welt um Hilfe. Dann öffnete sich Erika – mehr oder weniger bereitwillig – für die Durchsagen von Herbert, der so unnachgiebig den Weg zu ihr gesucht hatte, um sich endlich mitteilen zu können.

Wie bereits erwähnt, hatte ich Herbert nicht besonders gut gekannt, konnte also weder mit »ja, das stimmt« noch mit »nein, damit kann ich nichts anfangen« auf die Durchsagen reagieren. So nahm ich Block und Stift und schrieb alles auf, was Herbert Erika übermittelte und was sie über ihre Fähigkeiten des Hellfühlens, Hellsehens und Hellhörens aufnahm und durchgab. Und in der Tat waren sämtliche Fähigkeiten, die ein gutes Medium zur Kontaktaufnahme mit geistigen Wesen benötigt, auf einmal da und legten Zeugnis ab von Erikas außerordentlicher Sensitivität.

Meine Notizen *(2. September 2006)*

Der Mann erscheint jetzt ganz deutlich im Jagdanzug und mit Hut. Er zeigt auf seine Schuhe und schüttelt lächelnd den Kopf. Erika fragt ihn: »Wieso … was ist mit den Schuhen?« Er lächelt wieder. »Die sind zu elegant und passen nicht zu meiner Kleidung … dazu gehört robustes Schuhwerk.«

Bianka berichtet uns später, dass sie ihrem Mann keine Schuhe angezogen hat. Auch beim Beerdigungsinstitut verneint man auf Anfrage. Wir gehen also stark davon aus, dass das Personal im Pflegeheim, das beim Ankleiden des Verstorbenen

geholfen hat, ihm für seinen letzten Gang noch ein Paar nor-
male Schuhe angezogen hat.

∽

Er hält eine Hundeleine in der Hand, aber ein Hund ist
nicht zu sehen. Jetzt setzt er eine Pfeife (Trillerpfeife) an
den Mund, pfeift aber nicht.

Bianka erzählt mir später, dass ihr Hund vor zwei Jahren ge-
storben sei und dass Herbert natürlich stets eine sogenannte
Hundepfeife bei sich trug.

∽

Er sagt: »Es geht mir gut, aber alles ging zu schnell. Ich
hätte gern noch etwas gesagt und richtig Abschied genommen.« Auf meine Frage, ob ich das wohl seiner Frau
Bianka sagen soll, unterbricht er mich und sagt: »Nicht
jetzt, noch nicht, später.«

∽

Er übermittelt Erika, dass er nur vorwärts schauen kann
und das Gefühl hat, dass hinter ihm ein großer Engel
steht, der ihm nicht ermöglicht zurückzuschauen. Vor
sich sieht er eine wackelige Brücke (Hängebrücke?), da-
hinter strahlt viel wunderbares Licht. Dieses Licht ver-

mittelt ihm ein großes Glücksgefühl. Etwas Angst beschleicht ihn bei dem Gedanken, die Brücke – später – überqueren zu müssen, um zu dem Licht zu gelangen. Er nimmt sich vor, die Brücke, wenn es so weit sein wird, schnell zu überqueren ... »Und das wird sein wie eine *Umwandlung*.«

∞

Er hält zwei Fasane in Händen, schwingt die Arme auf und nieder, und die Fasane fliegen hoch. Erika übermittelt er, »... dass jetzt alles leicht geht und alles auch ganz leicht zu bekommen ist.«

∞

Das »Brimborium« für ihn (Erika kennt das Wort gar nicht und kann es kaum aussprechen) gefällt ihm nicht.

Ich frage vorsichtig: »Die Beerdigung?«

Er: »Nein, vorher.«

Mir fällt ein, dass meine Freundin Bianka ein Requiem für ihren Mann vorgesehen hat. Ja, das wird er gemeint haben, aber sofort – ohne dass ich meine Gedanken ausgesprochen habe – setzt er hinzu »... aber es soll sein, alles muss seine Richtigkeit haben.«

Erika spürt einen peniblen Wesenszug an ihm.

Sowohl das Wort »Brimborium« als zu Herberts Wortschatz gehörend als auch das äußerst Korrekte in seinem Wesen bestätigt uns Bianka später.

Erika empfängt eine Melodie ... Es ist die Melodie von
»Ich hatt einen Kameraden«. (Ich werde auf Herberts
Beerdigung erfahren, ob die angekündigten Bläser dieses
Lied an seinem Grab spielen.)

*Am Grab wird »Das letzte Halali« geblasen, wie wohl bei
Jägern üblich, aber von Bianka erfahre ich später, dass
»Ich hatt einen Kameraden« eines von Herberts Lieblings-
liedern war.*

∞

Er (Herbert) hält einen Strauß Gerbera (in verschiedenen Rottönen) in der Hand, äußert sich aber nicht dazu.

∞

Erika nimmt einen Teich mit Fischen wahr.

*Bianka bestätigt später, dass sie auf ihrem Jagdgelände ge-
meinsam mit Herbert und dem Hund viele Spaziergänge um
den Teich herum gemacht hat.*

∞

Dann riecht Erika einen frisch-herben Duft (vielleicht
Rasierwasser?).

Später stellt sich heraus, dass Bianka Herberts Zimmer im Pflegeheim gegen Ende regelmäßig mit Zitronenduft erfrischte.

∞

Ganz allmählich verschwindet Herberts Erscheinung im Nebel. Auf mein Angebot, er könne sich ja gern nach der »Feier für ihn« noch einmal bei beziehungsweise durch Erika melden, reagiert er mit einem verschmitzten Lächeln … »Wer weiß.«

Bianka später: »Ja, das ist typisch, sein ›Grinsen‹. Das passt.«

∞

Herbert wirkt sehr zufrieden und wird dann allmählich immer intensiver vom Nebel umfangen. Schließlich ist er nicht mehr sichtbar.

Bei einer späteren Sitzung mit Erika und Bianka hat sich Herbert dann wirklich noch einmal gemeldet und viel Liebe an seine Frau übermittelt. Außerdem gab er Bianka wichtige Hinweise zu verschiedenen Maßnahmen, die sie bezüglich des Jagdreviers und der darauf befindlichen Hütte noch ergreifen möge. Die Sache lag ihm sehr am Herzen, und er übermittelte, wenn das erledigt sei, könne er in Ruhe gehen.

Inzwischen ist alles »Weltliche« geklärt. Wir denken oft an Herbert und danken ihm und den Engeln für den »Schubs«, der für Erika und ihre Arbeit so wichtig war. Inzwischen nimmt sie mit viel Liebe und großem Erfolg Verbindung zu Verstorbenen auf.

Ich selbst habe auf einem Seminar im November 2006 über eine mir gänzlich unbekannte Person noch einmal Kontakt zu Herbert Sch. bekommen. Ein Teilnehmer ergriff bei einer Übung meine Hände und sagte nach einigen Minuten der Stille: »Ich nehme einen Mann im Jagdanzug ... mit Hut wahr. Er hat einen Hund dabei.« Also war Herbert inzwischen »drüben«, wo der Hund, der schon 2004 verstorben war, bereits auf ihn gewartet hatte. Herbert ermunterte mich zu schreiben und zu veröffentlichen. Ich solle aber nicht wie bisher ausschließlich über andere schreiben, sondern meine eigenen Erfahrungen schildern. Der kommende Frühling sei eine gute Zeit, damit zu beginnen. Gegen Ende der Übung wurde Herberts Botschaft an mich vehementer: »Los nun, fang an!«, übermittelte er durch mein Gegenüber.

So habe ich begonnen, ein neues (dieses!) Buch zu schreiben, und zwar in der Weise, dass ich von vielen eigenen Erfahrungen berichte und den spirituellen Aspekt des Erlebten für den Leser deutlich zu machen versuche. Herbert hat also von der anderen Seite aus nicht nur seiner Frau Liebe übermittelt, sondern auch Erika und mir ein ganz wichtiges Stück auf unserem Weg weitergeholfen. Danke dafür, lieber Herbert!

Bianka Sch. ist katholisch und glaubte auch vorher – wie von ihrer Kirche vermittelt – an »die Auferstehung der Toten« und »das ewige Leben«. Nun aber *weiß* sie, dass die Seele des Menschen im Jenseits wirklich weiterexistiert, denn sie hat die Erfahrung gemacht, dass es möglich ist, über ein Medium mit einem hinübergegangenen lieben Menschen Kontakt aufzunehmen. Sie durfte erkennen, dass Herbert lebt und es ihm in der anderen Wirklichkeit gut geht. Bianka konnte fast alle Angaben, die Erika als Durchsagen und Botschaften erhielt, bestätigen. Außerdem hat sie uns einiges erläutert, was zunächst unverständlich war, und ist mit allem, was ich geschildert habe, im Einklang, weswegen sie mir auch sofort ihr Einverständnis für die Veröffentlichung dieser sehr persönlichen Erfahrungen gegeben hat. Danke, liebe Bianka!

Ich bin sicher, dass ein trauernder Mensch auf diese Weise seinen Glauben stärken und um eine wertvolle Facette erweitern beziehungsweise bereichern kann. Außerdem glaube ich, dass er innerhalb dieser größeren Dimension viel Trost in seiner Trauer bekommt und dass sein Gottvertrauen dadurch gestärkt wird.

Das Tor zum Jenseits
steht immer offen

Seit Erika durch Herberts Hartnäckigkeit den Schlüssel für dieses besondere Tor zum Jenseits gefunden hat, übermittelt sie Klienten in Einzelsitzungen Botschaften des Trostes von ihren Lieben in der geistigen Welt und kann dadurch vielen Menschen wichtige Lebenshilfen geben.

Nachrichten und Botschaften für
Julia M. und Margarete K.

Julia M., eine junge Frau, würde in einer Sitzung mit Erika gern Kontakt zu ihrem vor etwa fünf Jahren plötzlich verstorbenen Vater bekommen, den sie sehr geliebt hat.

Zu Beginn der Sitzung meldet sich ein kleiner Junge ... Julia denkt an ihren schon vor sehr langer Zeit verstorbenen kleinen Bruder. Um den handelt es sich aber nicht. Nein, dieses ganz kleine Kind hat direkt mit Julia zu tun! – Die junge Frau ist sehr betroffen und nachdenklich ... Vor elf Jahren wurde sie schwanger und war darüber sehr erfreut. Im dritten Monat der Schwangerschaft stellten sich jedoch plötzlich heftige Blutungen ein, und Julia befürchtete schon, ihr Kind zu verlieren. Aber in ihr wuchs ein gesundes Kind, ein Junge, heran, der dann pünktlich und komplikationslos zur Welt kam. Auf ihre Nachfrage bei den Ärzten, was das wohl im dritten Monat für eine Zäsur in ihrer Schwangerschaft gewesen sei, erhielt sie später den vagen Hinweis, es habe sich damals offensichtlich um einen zweieiigen Zwilling gehandelt, der wohl nicht ausreichend entwickelt war und sich dann als Fehlgeburt aus ihrem Leib verabschiedet habe. Julia hat später nie mehr darüber nachgedacht, sich an ihrem gesunden Jungen erfreut und über diese Angelegenheit auch kein Wort mehr verloren.

Heute nun, in der Sitzung, meldet sich genau diese Seele bei ihrer Mutter und schickt ihr viel Liebe. Julia ist zunächst sprachlos, aber dann freut sie sich, dass, was damals abgegangen ist, offensichtlich bereits ein richtiges Wesen war, das heute in der geistigen Welt lebt. Spontan gibt sie dem Kind den Namen Alexander. Wir empfehlen der Mutter, mit ihrem Sohn Alexander zu reden und ihn in ihr Leben zu integrieren. Mit dem Vorsatz, ab und zu eine Kerze für ihn anzuzünden und eine intensivere Verbindung zu ihm aufzubauen, verabschiedet sich Julia. Sie ist sehr glücklich und gar nicht enttäuscht oder geknickt darüber, dass es nicht ihr Vater war, der mit ihr Kontakt aufnehmen wollte, wie sie es sich zu Beginn der Sitzung gewünscht hatte. Die geistige Welt weiß eben, wann was gut und richtig für jeden von uns ist: »Euer Vater weiß, was ihr braucht, noch ehe ihr ihn bittet« (Matthäus 6, Vers 8).

Kurze Zeit später meldet sich Julias Mutter, Margarete K., zu einer Sitzung bei Erika an. Natürlich wünscht auch sie sich möglichst ein »Zeichen« von ihrem geliebten Mann, mit dem sie 38 Jahre lang glücklich verheiratet war.

Zu Beginn der Sitzung erscheint eine kleine, alte Frau. Sie ist dunkel gekleidet, trägt aber ein buntes Kopftuch. Neben ihr sind anfangs noch mehrere andere Gesichter zu sehen, aber diese Frau setzt sich in Erikas Wahrnehmung durch. Sie sieht die alte Frau auf einem Rübenacker schwer arbeiten, bevor sie die geernteten Früchte in schweren Zinkeimern zu einem Wagen trägt. »O ja, das ist meine Mutter«, bestätigt Frau K. nachdenklich.

Die alte Dame wirkt sehr traurig und entschuldigt sich bei ihrer Tochter: »Ich habe mich zu wenig um euch Kinder kümmern können ... Das tut mir so leid.«

Frau K. winkt behutsam ab ... »Bei der vielen Arbeit ... das versteh ich doch.«

Da zeigt und überreicht die Mutter ihrer Tochter symbolisch einen Rosenquarz (Liebe).

Nun sieht Erika einen jungen Mann neben der alten Frau stehen ..., deren Sohn.

»Ja, mein Bruder ist mit 31 Jahren verstorben, das stimmt.« Mutter und Sohn leben in Liebe zusammen in der geistigen Welt. Frau K. ist sehr angerührt: »Rudolf war schon immer Mutters Lieblingskind. Dass sie jetzt beieinander sind ... schön.«

Die Mutter zeigt Margarete K. ein Feld voller Rosen und eines voller Astern. »Astern waren die Lieblingsblumen meiner Mutter«, bestätigt Frau K.

Noch eine weitere Botschaft kommt durch Erika: »Nimm ein Bild von mir und eines von deinem Bruder Rudolf und stecke sie zusammen in einen Rahmen.« Und vor diese »Fotomontage« möge sie einen (den!) Rosenquarz legen, somit wären alle drei in Liebe miteinander verbunden. Langsam ziehen sich Mutter und Bruder zurück, wobei die alte Dame ihrer Tochter fröhlich mit ihrem Kopftuch nachwinkt.

Margarete K. ist dankbar und glücklich darüber, dass sich ihre Mutter bei ihr gemeldet hat. Darüber hinaus ist sie sehr erleichtert, dass ihre Mutter ihr keine Vorwürfe gemacht hat, weil sie die letzte Zeit ihres Lebens in einem Pflegeheim verbringen musste. Frau K. meint nämlich, sie selbst hätte sich am Ende des Lebens ihrer Mutter doch intensiver um diese kümmern sollen. Aber alles ist gut, Schuldgefühle sind nicht angebracht und endlich zum Loslassen freigegeben.

Hier wird deutlich, dass wir uns mit unseren Schuldgefühlen oft selbst das Leben schwer machen, sogar noch über den Tod hinaus.

Bevor Erika wieder ganz im »Hier und Jetzt« ist, sieht sie noch einen großen Holztisch, auf dem ein riesiger Laib Brot liegt. Frau K. bestätigt: »Ja, an dem Tisch haben wir oft gesessen und ordentlich gefuttert. An die großen Brote kann ich mich gut erinnern ... und mein Bruder, eben der, der schon gestorben ist, bekam stets einen ganzen Laib Brot für sich allein ... Ja, ja, Mutter und er, ihr Liebling ... beide zusammen. Das passt!«

Nach mehreren Monaten meldet sich Julia, die Tochter von Margarete K., noch einmal. Ihr ist es inzwischen sehr gut ergangen. Sie ist offen, fühlt sich frei und erwartet bei ihrer zweiten Sitzung kein bestimmtes Geistwesen. Sie hat losgelassen: »Alles soll so sein, wie's von oben gewünscht wird.«

Und wer erscheint? Wer meldet sich?

Zunächst sieht Erika ganz viel Licht. Dann tritt aus dem Licht eine männliche Gestalt heraus. Sie ist etwa fünfzig bis sechzig Jahre alt und sehr gut aussehend. Der Mann zeigt sich in einer schwarzen Hose, einem weißen Hemd und mit blitzblank geputzten Schuhen. »Das ist mein Vater!«, jubelt Julia überglücklich. Er zeigt seiner Tochter drei rote Herzen. Erika spürt nach ... »Ein Herz ist für dich, Julia, das andere für deinen Bruder, der wohl noch lebt (Julia nickt), und das dritte ist für deinen Bruder Christian in der geistigen Welt.«

Viel Liebe kommt bei Erika an, und sie gibt das Gefühl an Julia weiter. Sehr traurig ist der Vater darüber, dass er mit dreiundsechzig Jahren »zu früh« hat gehen müssen. Er hätte der Familie noch so gern geholfen, die zurzeit schwierigen Verhältnisse in der Firma zu klären und zu verbessern. Der Zusammenhalt der Familie ist ihm äußerst wichtig, und für die Sanierung des Betriebs solle auf keinen Fall das Haus – Erika sieht eine hübsche Finca am Meer – verkauft werden. Das übermittelt er ganz deutlich. Julia kann alle Durchsagen verstehen und ist dankbar für diesen besonderen Hinweis, denn die Familie stand schon kurz davor, das Haus für die Firma zu »opfern«. »Danke, Papa!«

Viel Liebe kommt herüber, und Erika hat das Gefühl, dass eine besonders innige Beziehung zwischen Vater und Tochter bestanden haben muss (Julia strahlt und nickt). Dann gibt der Vater Julia symbolisch einen Ring mit der Bitte, sie möge ihn – wiederum symbolisch – seiner Frau übergeben mit den Worten: »Du warst und bist Papas große Liebe.«

Wir alle kämpfen mit den Tränen angesichts dieser zu Herzen gehenden Zeremonie. Zu guter Letzt wendet sich Herr K. noch einmal an seine Tochter, und zwar mit der frohen Botschaft: »Julia, dein Leben wird Sonne sein!«

Erika sieht den Vater jetzt hinter Julia stehen. Er bittet das Medium aufzustehen und seiner Tochter – stellvertretend für ihn – das Zeichen des Kreuzes auf die Stirn zu zeichnen und sie damit zu segnen. Nachdem Erika seiner Bitte nachgekommen ist, sieht sie, wie er sich lächelnd in das wunderschöne Licht zurückzieht, aus dem er gekommen ist.

Nachrichten und Botschaften für Ingrid R.

Anfang des Jahres kommt eine Frau, die seit fast zehn Jahren ihren schwer kranken Ehemann pflegt, zu einer Sitzung. Ingrid ist zierlich und wirkt äußerlich geradezu zerbrechlich, aber sie strahlt auch viel Energie aus und, trotz allem, Lebensfreude. Sie möchte so gern in Kontakt mit ihrer vor vielen Jahren verstorbenen Mutter kommen.

Als die Sitzung beginnt, spürt Erika eine weibliche Energie, etwa sechzig bis siebzig Jahre alt, und beschreibt andeutungsweise das Äußere der alten Dame. Ingrid – ganz auf ihre Mutter »fixiert« – schaut äußerst unglücklich drein. Wer aber könnte es sonst sein? Ingrid zuckt mit den Schultern, und ich merke ihr an, dass sie momentan in ihrem Herzen für niemand anderen Platz hat als für ihre Mutter.

Lähmende Stille …

Plötzlich kommt es sehr energisch durch Erika: »Es ist nun gut, ich bin die Oma!« Das Medium spürt ein äußerst energisches Wesen, das offensichtlich »alles unter der Fuchtel« hat.

Ingrid bestätigt: »Ja, so war sie, immer nach dem Motto: *Was auf den Tisch kommt, wird gegessen!* Nach außen hin war sie unheimlich resolut, aber im Herzen wohl doch auch weich.«

Etwas zögerlich lässt sich Ingrid jetzt doch auf die Verbindung mit ihrer Oma ein, die ihr Folgendes übermittelt: »Liebes Kind, du bist zu weich, und du gibst viel zu viel von dir an alle anderen ab. Pass auf, dass du nicht eines Tages *nackt* dastehst!«

Ingrid beteuert, dass sie gern Geschenke macht und Freude bereitet, dass sie ihre Familie außerordentlich liebt und auch ihrem Mann sehr gern hilft und …

»Aber pass auf dein Herz auf!«, unterbricht die Großmutter. Anschließend berichtet sie, dass es ihr in der geistigen Welt gut geht. Zwar habe sie anfangs auch dort versucht, andere zu beherrschen, habe dann aber schmerzlich lernen müssen sich unterzuordnen. Jetzt habe sie's aber geschafft und lebe seitdem in rosa Licht.

Auf Ingrids Wunsch fragen wir Oma nach dem Befinden ihrer Tochter (Ingrids Mutter) auf der anderen Seite.

Die Großmutter kann ihre Tochter wohl sehen, aber die scheint noch immer ziemlich traurig darüber zu sein, dass sie von ihrer Mutter (Ingrids Oma also) zu wenig Liebe bekommen hat. Jedenfalls werden dem Medium diese Gefühle und Gedanken deutlich übermittelt.

»Ich sehe das ja jetzt ein, und es tut mir auch leid«,

wendet die alte Dame betrübt ein. Sie bittet Ingrid, einen kleinen Rosenquarz auf das Grab ihrer Tochter (Ingrids Mutter) zu legen. Dann sagt sie noch: »Ich sehe für dich hier viel goldenes Licht.«

Ingrid strahlt. Sie möchte sich am liebsten gleich dorthin begeben, aber die Oma wehrt streng ab: »Noch nicht! Das goldene Licht ist dir sicher, aber du hast noch eine Aufgabe zu erfüllen ... Lerne die *Umarmung!*«

Als Ingrid noch etwas über ihre Hunde (mehrere in der geistigen Welt und einige auf der Erde) wissen möchte, unterbricht die Großmutter wieder ziemlich barsch und sagt: »Es reicht ein Hund. Wenn jeder Mensch ein Tier hat und es betreut, das reicht!« Und dann ganz unvermittelt: »Schluss jetzt mit der Gefühlsduselei!«

Ingrid nickt: »Ja, das ist meine Oma. Bloß keine Gefühle zeigen.« Sie lächelt, bedankt sich und nimmt sich vor, gleich nach der Sitzung einen Rosenquarz zu kaufen und zum Grab ihrer Mutter zu bringen. Die Sehnsucht nach ihrer Mama ist sehr groß und jetzt sogar noch viel deutlicher zu spüren als vor der Sitzung.

Fünf Monate später bittet Ingrid noch ein weiteres Mal um eine Sitzung. Ihrem Mann geht es inzwischen viel schlechter, und es ist absehbar, dass er nicht mehr allzu lange hier auf der Erde leben wird. Ingrid wirkt körperlich ziemlich erschöpft, ist aber mental sehr positiv und stark. Natürlich wünscht sie sich wieder, mit ihrer Mutter in Kontakt zu kommen. Diesmal hat sie sogar ein Bild von ihr mitgebracht. Ob es nicht vielleicht doch ginge und möglich wäre … zu versuchen …

Im Gebet bitten wir die geistige Welt um Hilfe, und Erika ist bereit und bemüht, mit ihren Händen sowohl das Bild als auch Ingrids Hände zu umfassen, um so eine Verbindung herzustellen. Wir sind gespannt und warten.

»Mein liebes Kind, der Acker ist noch nicht bestellt«, meldet sich tatsächlich Ingrids Mutter. »Alles ist vorbereitet.« Erika sieht einen mit Blumen geschmückten Sarg für Ingrids Mann Werner. »Und ich werde bei seiner Beerdigung schon dabei sein.«

Die Mutter, sie heißt Gertrud, berichtet dann, dass es ihr im Jenseits sehr gut geht: »Ich bin frei, habe keine Not und keine Schmerzen, fühle mich wohl … wie ein Schmetterling … so leicht.«

Sie übermittelt weiter, dass sie da sein wird, um Ingrids Mann Werner willkommen zu heißen, wenn er in die andere Wirklichkeit überwechselt. Dies ist ein großer Trost für Ingrid. Wenn sie heimkommt, wird sie ihrem Mann die Nachricht überbringen.

»Mein Dank aber gilt auch dir, liebe Ingrid«, fährt die Mutter fort und überreicht ihrer Tochter symbolisch einen Strauß gelber Blumen mit dem Hinweis, sie möge doch bitte mitten in den Strauß einen schönen, kunstvoll gefertigten Zitronenfalter stecken. Erika spürt starke Energien der Liebe und Leichtigkeit und hat das Gefühl, dass die Seele der Mutter weit entwickelt sein muss, denn die Schwingungen sind sehr hoch.

Mutter Gertrud lässt ihrer Tochter noch ausrichten: »Ich stehe dir immer zur Seite und helfe dir, wenn du mich darum bittest und mich fragst. Liebes Kind, denke daran: Lebe *dein* Leben!«

Dann sieht Erika, wie die Mutter ein kleines Kind in den Armen wiegt. Sie folgt dem Impuls, den sie von oben erhält, und schließt Ingrid ganz fest in die Arme – stellvertretend für ihre Mama. Und endlich, endlich fließen die Tränen ... Ingrids Herz ist berührt von der Liebe ihrer Mutter. Sie atmet tief durch, kann endlich loslassen, wird innerlich freier, und ihre Augen strahlen freudig durch den Tränenschleier. – Tränen können manchmal auch wie Perlen sein ...

Inzwischen wurde Werner ein Bein amputiert, und er muss dreimal wöchentlich zur Dialyse. Doch da das Ehepaar offen und selbstverständlich über den Tod und das Leben danach sprechen kann, kommt es immer häufiger vor, dass sich der kranke Mann richtig auf seine letzte Reise freut. Besonders dankbar ist er dafür, dass ihn seine Schwiegermutter – zu der er oft ziemlich grantig war, wie er jetzt selbst zugeben kann – liebevoll empfangen wird. Und wieder einmal beweist es sich: Verzeihen (auch sich selbst) und Loslassen sind das A und O unseres Daseins – unten wie oben!

Erika und ich haben mittlerweile bemerkt, dass Ingrid selbst sehr medial ist, und als ich sie kürzlich beim Einkaufen in der Stadt traf, erzählte sie mir überglücklich, sie habe während einer Meditation in ihrem Wohnzimmer plötzlich gesehen, wie sich eine leuchtende Wand vor ihren Wohnzimmerschrank schob, so als sei dies die Fläche eines Bildes. Und dann sah sie darauf ein großes, wunderschönes weißes Haus mit hohen Sprossenfenstern und einem breiten weißen Tor. Alles wirkte sehr leicht und filigran, zartgrüner Efeu rankte sich am Portal empor. Ein wunderschönes Bild.

Und dann erblickte Ingrid im Eingang ihre Mutter. Sie stand dort erwartungsvoll, gekleidet in ein langes weißes Gewand, und um ihren Hals trug sie eine bunte Blumenkette, wie man sie zum Beispiel auf Hawaii zur freundlichen Begrüßung umgehängt bekommt.

Ingrid ist unendlich glücklich und dankbar, und Werner wartet geduldig, aber auch ein wenig sehnsüchtig auf die Himmelsleiter, über die er in sein ewiges Zuhause gelangen möchte und auch gelangen wird. Licht, Liebe und Frieden für Ingrid, Werner und Gertrud.

Hilfe und Erkenntnis für die Seelen in beiden Dimensionen

Mayella, eine schlanke schwarzhaarige Frau Mitte vierzig, erscheint zu einer Sitzung. Trotz ihres jugendlichen Aussehens und einer gewissen kindlichen Ausstrahlung spüre ich Traurigkeit und trübe Schwingungen in ihrer Nähe. Im Vorgespräch berichtet sie von ihrem ruhe- und konzeptlosen Leben, von Alkoholexzessen und Medikamentensucht, aber auch von ihren zahllosen Bemühungen, sich bei Ärzten und Therapeuten Hilfe zu holen. Die Ursache für ihre bisher sehr unstete Lebensführung sieht sie in einem vermuteten sexuellen Missbrauch in ihrer jüngsten Kindheit – als Baby! Das hat ein Psychotherapeut in unzähligen Sitzungen »herausgearbeitet«.

Nun möchte sie unbedingt wissen, ob ihr Vater, der schon seit mehreren Jahren in der geistigen Welt lebt, der Täter war oder vielleicht doch eher ihr Onkel Günther, der noch auf der Erde weilt. Mayella erhofft sich von der Sitzung eine Antwort auf ihre Fragen. Sie möchte endlich Ruhe finden und wünscht sich so sehr, dass die geistige Welt ihr helfen kann.

Als Erstes erscheint vor Erikas innerem Auge ein kleines Mädchen. Sie wirkt sehr fröhlich und hüpft ausgelassen auf einer Wiese herum, ein klares Zeichen dafür, dass es ihr sehr gut geht. Mayella verneint, als ich sie frage, ob sie irgendein Kind kennt, das bereits im Jenseits ist.

»Du hattest auch nicht vielleicht eine Fehlgeburt oder Ähnliches?«

»Doch … eine Abtreibung.« Freimütig erzählt sie, dass das Kind zu einem ihr äußerst unpassenden Zeitpunkt kommen wollte, und da den Frauen damals in der DDR Abtreibungen kostenlos, medizinisch erlaubt, ohne Strafandrohung und mit keinerlei Belastung für das Gewissen ermöglicht wurden, hatte sie nie mehr über den »Zwischenfall« nachgedacht.

Nun ist sie da, die Seele ihres Kindes, und übermittelt ihrer Mutter, dass es ihr gut geht in der geistigen Welt … Auf einmal taucht im Hintergrund eine ältere, freundliche Frau auf, die sich dem kleinen Mädchen liebevoll zuwendet. Erika spürt eine großmütterliche Energie und empfängt die Botschaft, dass diese beiden Seelen beieinander und füreinander da sind. Erste Tränen kullern über Mayellas Wangen. Sie erkennt ihre Oma, das Familienmitglied, zu dem auch sie die innigste Beziehung hatte … damals. Als würde ihr plötzlich die ganze Dimension ihres unglücklichen Lebens bewusst, weint Mayella hemmungslos quasi alle Gefühle des Schmerzes, der Angst, der Liebe, des Kummers, der Sehnsucht und der Hoffnung aus sich hinaus. Alles, was sie jahrelang »weggesperrt« hatte, kommt endlich ans Licht.

Da spürt Erika, dass sich ein Mann nähert. Er wirkt sehr ernst und distanziert, fast streng, und um sein Herz herum nimmt Erika einen großen Eisblock wahr, der sie regelrecht erschauern lässt.

»Ja, so war mein Vater …« Angstvoll erkennt Mayella das Wesen ihres Vaters wieder.

Dieser aber übermittelt dem Medium, dass er um sein Unvermögen, Liebe zu zeigen, weiß und dass er dieses Gefühl selbst nicht durch andere Menschen erfahren hat. Erika spürt sein großes Bedauern der Tochter gegenüber.

Eine ganze Weile sind wir still. Ich überlege fieberhaft, ob ich den Mann nun auch noch mit dem Verdacht seiner Tochter konfrontieren soll. Aber, was überlege ich? Hätte er sonst das Bedürfnis gehabt, sich über das Medium bei seiner Tochter zu melden?! Ich gebe alle Bedenken getrost nach oben ab, erzähle dem Vater behutsam vom schlimmen Verdacht des Missbrauchs und frage ihn dann ganz klar und deutlich, ob er es war. Stille ...

»Nein.« Eine erlösende Antwort. Und auch den Verdacht, es könne der noch lebende Onkel gewesen sein, bestätigt Mayellas Vater nicht. Die junge Frau atmet erleichtert auf, und wir warten auf weitere Aussagen von Erika. Die ist sehr still geworden, wirkt äußerst betroffen und sagt dann: »Der Vater ist *so* erleichtert darüber, dass er seiner Tochter helfen kann, indem er die Wahrheit sagt, und auch darüber, dass er die negativen Energien der Verdächtigung und die ihn belastenden Gefühle der Wut und des Hasses in der geistigen Welt nicht mehr zu spüren bekommt.«

Ich spreche ein Gebet. *Verzeihen und loslassen, immer wieder loslassen, das ist alles!*

Erika weint.

»Was ist?«, frage ich.

Sie ist sehr ergriffen. »Jetzt kniet er vor einem Altar und bedankt sich ... Ich bin so gerührt.«

Offenbar um uns wieder etwas aufzuheitern, zeigt sich Erika nun nochmals das kleine fröhliche Mädchen. Diesmal hüpft sie übermütig und glücklich auf dem Altar herum. Ich glaube, dem ist nichts mehr hinzuzufügen.

Diese Sitzung hat einmal mehr gezeigt, dass es mit der medialen Arbeit möglich ist, Menschenseelen in *beiden* Dimensionen Trost zu spenden und ihnen durch Klärung der Gefühle und Beziehungen zu helfen, ihren Weg der geistigen Entwicklung weiterzugehen und ihre spirituellen Ziele zu verfolgen.

Qualität und Quantität von Durchsagen

Dass die Qualität von Mitteilungen aus dem Jenseits hilfreicher und entscheidender sein kann als deren Quantität, dass also weniger manchmal mehr ist, zeigt folgendes Beispiel:

Das Ehepaar Eva und Steffen K. kommt zur Beratung. Die Frau hat seit ihrer Kindheit Sehnsucht nach ihrem Vater, der plötzlich verstarb, als sie etwa fünf Jahre alt war. Eva hat nur sehr wenige Erinnerungen an ihn. Daher wünscht sie sich sehnlich, ein Lebenszeichen von ihm zu erhalten. Ihre Liebe zu ihrem Vater ist groß und schmerzhaft zugleich, weil ihr seine Nähe immer fehlte.

Erika erblickt zunächst einen Jungen im Alter von etwa acht bis zehn Jahren. Eva weiß mit seinem Erscheinen jedoch nichts anzufangen. Wir warten. Nach einer sehr langen Phase des Schweigens sagt Erika: »Ich sehe nur Licht ... Licht, Licht, Licht, sonst nichts.«

Wieder Stille.

»Da ist ein Gesicht im Licht, aber ich kann es nicht richtig erkennen.«

Ich glaube, dass wir alle, das Ehepaar, Erika und ich, von der gleichen Sorge erfüllt sind, nämlich, dass in dieser Sitzung offenbar nicht viel passieren soll und vielleicht gar nichts von oben durchgegeben wird oder durchkommt. Aber warum bloß?

Auf einmal sagt Erika ganz klar: »Jetzt sehe ich einen jungen Mann, der mit einem Motorrad verunglückt ist.«

Eva schreit auf. Dann weint sie heftig, lässt ihren Tränen freien Lauf, scheint erschrocken und erleichtert zugleich, denn ihr Vater ist in jungen Jahren (Eva war, wie gesagt, erst fünf Jahre alt) bei einem Motorradunfall ums Leben gekommen. Er hat also nach so langer Zeit über Erika den Weg zu seiner Tochter gesucht und zeigt sich ihr jetzt. Offenbar ist seine Seele bereits auf einer sehr hohen Entwicklungsstufe angelangt. Das erkennt Erika ganz deutlich an dem großen, hellen Licht, aus dem er kommt. Nach einer Weile zeigt der Vater seiner Tochter über Erika kleine blaue Blumen mit kräftigen Wurzeln: Vergissmeinnicht. Als Eva sagt, dass sie große Angst um ihre Kinder habe, vor allem im Straßenverkehr, beruhigt sie der Vater und versichert ihr, er sei stets in ihrer Nähe und wie ein Schutzengel auch bei ihrer gesamten Familie. Eva lächelt dankbar. Die verhältnismäßig kurze Sitzung ist zu Ende.

Schon am nächsten Tag ruft Eva bei mir an. Sie ist ganz aufgeregt und berichtet: Vor einiger Zeit hatten sie und ihr Mann Steffen Silberhochzeit gefeiert. Dazu wurde ihnen von Kollegen ihres Mannes eine Blumenschale mit verschiedenen Pflanzen geschenkt, unter anderen war auch ein Vergissmeinnicht dabei. Das Ehepaar besitzt noch eine Fotografie der hübschen Blumenschale. Einige Zeit nach der Feier hatte Eva gemeinsam mit ihrer Oma die Blumen in ihren Garten gepflanzt. Nach unserer Sitzung vom Vortag war Eva mit ihrer Oma in den Garten gegangen, um nach dem vom Vater erwähnten Vergissmeinnicht zu schauen. Es war nicht mehr da!

Eva fragt aufgeregt: »Ja, gibt's denn so was?«

Ja, gibt es! In der Parapsychologie nennt man dieses Phänomen Entmaterialisierung, das plötzliche Entstofflichen von Dingen oder Lebewesen, in diesem Fall der Pflanze Vergissmeinnicht. Die Materie, das Grobstoffliche, ist verschwunden, aber das Feinstoffliche, das Geistige, bleibt. »Das Sichtbare bildet die Form, das Nicht-Sichtbare Wert und Sinn«, sagt Laotse. So können Vater und Tochter geistig im Sinne eines liebevollen »Vergiss-mich-nicht« miteinander verbunden sein und bleiben.

Das Verschwinden der Pflanze aus Evas und Steffens Garten gab den Impuls für das Einsetzen einer neuen

Vergissmeinnicht-Pflanze mit der Energie jenes symbolischen Vergissmeinnichts, das der Vater seiner Tochter durch das Medium hatte überreichen lassen. Gott, allen Helfern und Engeln und unseren lieben Verstorbenen sei Dank!

Die Spielarten der Teleportation und der Psychokinese sind vielfältig und vorläufig nur spektakuläre Erscheinungen. Ihre Ursachen können mit den bekannten Mitteln der Wissenschaft bis heute nicht geklärt werden, aber in Wirkung und Auswirkung erkennbar sind sie allemal.

Zwischentöne und Missklänge

Vielleicht fragen sich einige Leser inzwischen, ob man als Klient an ein Weiterleben nach dem Tod glauben muss und ob dieser Glaube für eine erfolgreiche Sitzung Bedingung ist. Können solche Botschaften, Mitteilungen und Beschreibungen von Verstorbenen auch gelingen, wenn man nicht an all dies glaubt? Eindeutig: Ja! Eine solche Sitzung wäre zwar nicht besonders sinnvoll, aber sie funktioniert ebenfalls, wie folgender Witz, den Paul Meek so oder so ähnlich schon manches Mal erzählt hat, in ebenso ernsthafter wie humorvoller Weise verdeutlicht:

Die Lektion

Ein Mann wird von seiner Ehefrau überredet, ein betagtes Medium aufzusuchen, um sich von dessen Fähigkeiten, die seine Frau sehr beeindruckt haben, vielleicht selbst überzeugen zu lassen. Der Mann weigert sich zunächst, weil er an derartigen »Hokuspokus« nicht glaubt, ist aber schließlich von dem ständigen Drängen seiner Frau so genervt, dass er sich eines Tages zu einer Sitzung bei der alten Dame anmeldet. Schon bei der Begrüßung äußert er seine Skepsis, aber um seiner Frau den Gefallen zu tun – wie er sagt – will er sich den »Zauber« mal ansehen.

Das Medium konzentriert sich auf eine Verbindung zur geistigen Welt und sagt nach einer Weile: »Ich sehe einen kleinen Jungen, er hat rote Haare, heißt Tommy und hat früher neben Ihnen auf der Schulbank gesessen.«

Der Mann ist baff. »Das stimmt«, krächzt er verlegen.

»Nun sehe ich eine junge hübsche Dame, sie hat lange blonde Haare ... Ihr Name ist Betty. Sie war Ihre erste große Liebe und ist mit 21 Jahren durch einen Unfall ums Leben gekommen.«

Der Mann schluckt. »Ja, das stimmt auch.« Er ist erstaunt und überrascht und fragt sich: »Wie kann die Alte das bloß alles wissen?!« Dann kommt ihm die Idee, eine ganz persönliche Frage zu stellen, um das Medium zu testen. »Irgendwo muss dabei doch ein Haken sein ...«

»Nur zu«, ermuntert ihn die alte Dame lächelnd.

»Ich spiele so gern Fußball«, beginnt der Mann und fragt dann: »Gibt es dort oben auch derartige Spiele?«

Nach einigen Minuten der »Meditation« antwortet das Medium: »Ja, es gibt dort Fußball ... und ich habe eine sehr erfreuliche Mitteilung für Sie: Sie stehen schon auf der Liste, und in vier bis fünf Wochen spielen Sie mit!«

Die Sitzung, die ich im Folgenden beschreiben werde, lief weniger humorvoll ab. Gleich als wir die Klientin kennenlernten, hatten Erika und ich das Gefühl, dass unsere Arbeit aus reiner Neugier getestet werden sollte. Wie immer beteten wir und baten die geistige Welt um Hilfe und Beistand bei der Nachrichtenübermittlung. Erika sah einen Mann in Uniform. Sie beschrieb die Uniform und vor allem die dazugehörige auffällige Kopfbedeckung und sagte klar: »Er war Soldat in Frankreich.«

»Nein«, rief die Klientin aus. »In Frankreich? Da war ich nie. Ich kenne und kannte auch niemanden in Frankreich ... Das muss vielleicht jemand aus einem anderen Leben sein.«

Erika konzentrierte sich weiter, aber ihre Verbindung nach oben schien merklich eingetrübt. Es meldete sich zwar noch eine Großmutter, aber ohne eine wesentliche oder hilfreiche Botschaft zu übermitteln. Dann fuhr Erika plötzlich fort: »Wieder Frankreich, wieder ein Mann, jetzt ohne Uniform, sehr stattlich mit einer starken Ausstrahlung.«

»Nun ist's aber gut«, fuhr die Klientin etwas unwirsch dazwischen. »Mit französischen Männern kann ich überhaupt nichts anfangen!«

Wir beendeten die Sitzung. Die Klientin – die übrigens fast ununterbrochen geredet hatte – wirkte ein wenig hämisch, aber vielleicht bildeten wir uns das auch nur ein. Auf jeden Fall war das Ergebnis der Sitzung für beide Seiten – und ganz bestimmt auch für die dritte Seite, nämlich für die Seelen im Jenseits – unbefriedigend. Wir unterhielten uns noch eine Weile, und ich hakte immer mal wieder nach: »Und du warst wirklich noch nie in Frankreich?«

»Na ja, im Urlaub, im Campingurlaub, das ist aber schon eine Ewigkeit her.«

Ich bohrte weiter: »Und da gab's keinen Mann ... damals im Urlaub?«

»Schon, aber nur einen deutschen, einen *Fremdenlegionär*, na ja, und dann viel später ... einen französischen Arzt, der war toll, der hätte mir gefallen ... Ging aber leider nicht, er war verheiratet ... Wir wurden kein Paar ...«

Was war hier vor sich gegangen? Hatte sich die Klientin eventuell vor einer Aussage der beiden Männer gefürchtet? Warum hatte sie behauptet, mit französischen Männern könne sie »überhaupt nichts anfangen«? Angst? Enttäuschung? Oder welche anderen Gefühle blockierten hier den Erkennungs- und möglichen Heilungsprozess und verhinderten eine Kommunikation zwischen »oben« und »unten«? Auf jeden Fall war während der Sitzung ein *Missklang* entstanden, der nicht nur unsere Ohren verletzte. Wir verabschiedeten die Klientin, die offenbar gar nicht so unzufrieden war mit der Sitzung, denn sie plapperte immer noch munter drauflos.

Erika und ich waren uns einmal mehr darüber einig, dass ein Mensch zunächst sich selbst gegenüber ehrlich sein muss. Erst dann kann er überhaupt wahrnehmen, dass eine aus der geistigen Welt kommende Botschaft für ihn bestimmt ist. Außerdem muss sich eine Person, die *wirklich* Hilfe, Trost und Aufklärung aus dem Jenseits erhalten möchte, für die liebevolle Energie aus der göttlichen Welt öffnen, und zwar unabhängig davon, wer den Weg zu ihr sucht.

Dissonanzen auf der ganzen Linie…

… erlebten wir bei einer Sitzung mit zwei Herren (hier Dr. B. und Dr. E. genannt). Beide waren Ärzte in einer psychiatrischen Klinik und gekommen, weil sie von ihren Söhnen, Nils und Matthias, die sich gemeinsam das Leben genommen hatten, eine »Erklärung« haben wollten.

Als die Herren den Raum betraten, blickten sie fragend und mit gerunzelter Stirn auf die große weiße Kerze, die bei unserer Arbeit stets brennt, und auf ein Christusbild, das Erika bei der medialen Arbeit immer vor sich stehen hat. Dr. B. fragte mit süffisantem Lächeln: »Ach, dann muss man wohl religiös sein, damit das alles hier überhaupt funktioniert?«

»Müssen Sie nicht«, antwortete ich. »Gelingen wird die Arbeit wahrscheinlich auch so, aber für das Medium und mich ist der Glaube an eine höhere Macht unabdingbare Voraussetzung für alles, was sich während unserer Arbeit zwischen den Dimensionen abspielt.«

Ich bat beide Herren zu einem kurzen Vorgespräch

in einen Nebenraum. »Zu besprechen gibt's eigentlich nichts«, ergriff Dr. E. das Wort. »Wir wollen von unseren Söhnen eigentlich nur wissen, warum sie uns das angetan haben, vor allem auch unseren Ehefrauen, also den Müttern. Wir können uns das alles nicht erklären und sind mit den Nerven völlig am Ende.«

Weil mich die Vordergründigkeit ihres Anliegens skeptisch machte, wollte ich die beiden Klienten unbedingt noch auf den Heilungsaspekt der Arbeit hinweisen. Ich erklärte ihnen, es sei über Erika zunächst möglich, Kontakt zu den Verstorbenen herzustellen, um dann vielleicht zu erfahren, dass es ihnen im Jenseits gut geht. Außerdem bestehe eventuell die Möglichkeit, Ungeklärtes anzusprechen, um Verzeihung zu bitten oder auch Trost von drüben zu erhalten. »Dass Ihr Kopf bezüglich unserer Arbeit unentwegt und kritisch arbeiten wird, das spüre ich schon jetzt«, bemerkte ich. »Aber sind Sie auch vom Herzen her offen für diese mediale Sitzung?«

Wie aus der Pistole geschossen, kam es von beiden: »Wir ... sind zu jeder Schandtat bereit!«

Die Antwort ließ mich regelrecht zusammenzucken. Ich bezweifelte, dass diese, meiner Einschätzung nach recht überhebliche Einstellung im Hinblick auf unsere äußerst sensible Arbeit die richtige war. Aber wieder einmal gab ich alle meine Bedenken getrost nach »oben« ab und führte Herrn Dr. B. und Herrn Dr. E. zurück ins Sitzungszimmer.

Unsere Arbeit beginnt stets mit einem Gebet, in dem

wir Vater und Mutter Gott um Schutz, Hilfe und Segen bitten. So auch diesmal.

»Verrückt«, entfuhr es Dr. B. nach meiner Bitte um Segen, zwar undeutlich, aber dennoch hörbar. Wenn Erika und ich derartig geäußerte Bedenken zu hören bekommen oder auch nur erahnen – und bei besonders »gebildeten« Mitmenschen ist dies häufig der Fall! –, haben wir zur Entkrampfung der Situation stets folgende Bemerkung parat: »Ach, wissen Sie, wir sind solange ver-rückt, bis die anderen nachgerückt sind.«

Nachdem beide Herren diesen »Gag« lachend wie auch immer eingeordnet hatten, konnten wir uns endlich auf das Wesentliche einlassen. Erika konzentrierte sich auf die Schwingungen aus der höheren Ebene und erblickte nach einer Weile eine große bunte Wiese, auf der zwei kleine Mädchen erschienen. Sie hielten sich an den Händen und standen stumm da. Ich blickte fragend von einem Herrn zum anderen, aber beide zuckten die Schultern: »Keine Ahnung.« – »Kenn ich auch nicht.«

Erika spürte einem Grund für das Kommen der Kinder nach, konnte aber nichts erfühlen. Da zogen sich die Mädchen wieder zurück, wie in einen leichten Nebel.

»Jetzt sehe ich eine große Straße ... auch eine Brücke ...«

Die beiden Väter hielten den Atem an.

Erika zögerte. Dann sagte sie: »Ich sehe zwei junge Männer neben einem total zertrümmerten Auto stehen ... Sie sehen aber ganz heil und sogar glücklich aus. Der eine zeigt auf seine Brille ...«

»Ja, mein Sohn Nils war Brillenträger. Ich hatte ihm das teure Modell noch kurz vor dem Unfall gekauft«, brachte Dr. B. aufgebracht hervor. »Warum hat er das bloß getan? Fragen Sie ihn!« Der Vorwurf in seiner Frage und die befehlsartige Aufforderung brachten Erika – Gott sei Dank – dazu, sich spontan auf den zweiten jungen Mann zu konzentrieren: »Der hält eine Baseballkappe in der Hand und winkt.«

»Das ist mein Matthias, o Gott! Junge, bitte, warum hast du deiner Mutter und mir das angetan?«, stöhnte Dr. E.

Wieder stand eine indirekte Schuldzuweisung als großer Vorwurf im Raum. Es war also nicht verwunderlich, dass sich die beiden jungen Männer wieder etwas mehr in den Nebel zurückzogen. Ich spürte, dass wir nicht bei den Vorwürfen der Väter stehen bleiben durften, sondern uns um die Befindlichkeit der Söhne kümmern mussten, damit wenigstens bei ihnen Heilung stattfinden konnte. Es sind nämlich ausschließlich die Schwingungen der Liebe, die eine Verbindung zum Jenseits gelingen lassen und aufrechterhalten. Mit Vorwürfen, Schuldzuweisungen, Unmut und Ungeduld vertreibt man jede Seele. Es ist nicht anders als auf der Erde: Wenn wir mit groben und hässlichen Worten jemandes Ohr verletzen, werden wir sein Herz niemals erreichen.

Ich wandte mich an Erika: »Bitte, versuche zu erfragen, welchen Grund Nils und Matthias hatten, durch den Crash mit ihrem Auto bewusst aus dem Leben zu gehen.« Dass es ein Selbstmord war, hatten die Ermittlungen der Kriminalpolizei längst ergeben. Und in einem Abschiedsbrief der beiden jungen Männer hatte gestanden, dass die Freunde den Selbstmord in ihrer Situation für die einzige Lösung hielten.

»Welche Situation war das?«, fragte ich die beiden Väter.

»Das eben wissen wir ja nicht. Man hätte doch alles klären können … Geld hätte keine Rolle gespielt, und in Bezug auf etwaige psychische Probleme sind wir ja nun beide vom Fach … Wir hätten das alles auf die Reihe bekommen.«

Erika schüttelte den Kopf.

»Was ist?«, fragte ich.

»Die jungen Männer übermitteln mir, dass ihr Tod sehr schnell gegangen sei. Sie haben keine Schmerzen gespürt … Sie halten sich jetzt an den Händen, stehen beieinander und …« Erika zögerte einen Moment … »Ja, sie küssen sich, die lieben sich!« Erika wurde von einem starken Gefühl der Zuneigung durchströmt.

Ich fragte ganz direkt: »Haben sich beide für die gleichgeschlechtliche Liebe entschieden? Waren sie homosexuell?«

»Auf keinen Fall!«, polterte Dr. B. los. »Was ist denn das für ein Unsinn?!«

Dr. E. sagte nichts und starrte nur nachdenklich vor sich hin. Dann schüttelte er den Kopf: »Nie und nimmer, das hätte ich doch bemerkt … als Vater und auch als Fachmann.«

Ich forderte beide Herren auf, ihre Aggressionen im Zaum zu halten, da sonst die Gefahr bestünde, dass Erika den Kontakt zur geistigen Welt und zu den Söhnen verliere, doch Erika zeigte sich plötzlich ganz angerührt.

»Was ist?«, fragte ich.

»Vor dem einen jungen Mann, dem mit der Brille (also Nils), stehen jetzt wieder die beiden kleinen Mädchen von vorhin. Sie stehen sehr nah bei ihm.«

Ich fragte Herrn Dr. B. noch einmal ganz gezielt: »Gibt es zwei kleine Mädchen in der geistigen Welt, die Sie kennen könnten und die auch einen engen Bezug zu Ihrem Sohn haben?«

»Nein, das sagte ich doch schon.« Dr. B. wirkte jedoch auf einmal ziemlich verunsichert und nervös.

Plötzlich lachte Erika und sagte: »Ach, ist das schön! Der Sohn Nils nimmt jetzt beide Mädchen auf den Arm. Er übermittelt mir gedanklich, dass er sich um seine Schwestern kümmern wird ... oben ... Jetzt fasst er seinen Freund um, und alle vier bewegen sich leicht und unbeschwert über eine wunderschöne Lichtwiese ...«

»Was geht denn hier ab?!«, schrie Dr. B. (der vor der Sitzung »zu jeder Schandtat bereit« gewesen war) völlig aufgelöst. »Das kann doch alles nicht sein, nein, nein, nein!«

Ich legte beruhigend den Arm auf seine zuckenden Schultern, und endlich kam etwas Bewegung in sein Herz. Stotternd berichtete er: »Es ... es müssen die ungeborenen Kinder meiner Geliebten sein ... Ich habe sie damals dazu gedrängt, die Zwillinge abzutreiben ... Ich ...

ich war ja doch verheiratet ... Außerdem war die Schwangerschaft noch ganz früh ... Ich verstehe das nicht ... Waren das schon richtige Menschen? Ich wusste doch auch nicht ... Ach mein Gott, was soll ich bloß machen? Ich drehe noch durch ... und dann noch Nils ... ein Schwuler. Ich kann das alles nicht glauben. Alles habe ich erwartet, aber nicht *das*!«

Wir ließen Herrn Dr. B. ein wenig zur Ruhe kommen und sprachen dann für alle ein Gebet, in dem wir Gott um Erkenntnis, Vergebung und Heilung baten – für Nils und Matthias, die ihr Leben eigenmächtig beendet hatten; für die beiden Väter, auf dass es ihnen gelingen möge zu verzeihen; aber auch für uns und für alle Mitmenschen, die der Vergebung bedürfen.

Danach wäre ein Loslassen möglich gewesen, aber Dr. B. stand auf und ging. Für ihn war das alles offenbar zu viel. Nachdem wir unser Gebet gesprochen hatten, sah Erika die Mädchen fröhlich auf der bunten Wiese spielen, und die beiden verliebten jungen Männer dankten ihr und uns, indem sie sich umdrehten und verbeugten. Dann zogen sich alle vier Seelen ins Licht des Jenseits zurück.

»Ich kann mit alldem nichts anfangen«, resümierte Dr. E. »Das alles ist schon sehr diffus ...« Und er verabschiedete sich ebenfalls.

Wir blieben ein wenig traurig zurück, zweifelten aber nicht im Geringsten an dem, was aus der anderen Dimension durchgekommen und mitgeteilt worden war.

Chancen für eine positive, klärende und heilsame Kontaktaufnahme mit ihren Söhnen im Jenseits hatte es für die beiden Ärzte durchaus gegeben. Genutzt wurden sie leider nicht, außer von den beiden wunderbaren Söhnen und dem Zwillingspärchen, das sich gezeigt hatte.

Zwei Monate später rief Dr. B. an, entschuldigte sich für seinen überstürzten »Abgang« und bedankte sich, auch im Namen von Dr. E., für unsere Bemühungen.

Immerhin …

Erika und ich können uns trotz der Dissonanzen, die wir, wie in diesem Fall gelegentlich bei Klienten spüren, immer an der Harmonie der jenseitigen Wesen erfreuen und daraus Trost und Hoffnung für unsere weitere Kommunikation mit ihnen ziehen.

Normalerweise kommen aber nur Menschen zu den Sitzungen, deren Leidensdruck echt ist, die von Herzen um ihre Lieben trauern und sich wirklich nach ihnen sehnen. Andererseits kann es für die seelische Weiterentwicklung eines jeden Menschen natürlich auch gut und richtig sein, ein Medium sozusagen ohne akuten Anlass aufzusuchen, um zu erfahren, wer aus der geistigen Welt sich liebevoll an uns erinnert, uns Hilfestellung anbieten und seine Nähe und Liebe übermitteln möchte. Wer so ein ernsthaftes Anliegen hat, sollte offen und ehrlich sein und auf die Mitteilungen, Durchsagen und Beschreibungen des Mediums wahrheitsgemäß antworten.

Tut man dies nicht, sondern gibt dem Medium, wie

im eben geschilderten Fall, bewusst eine falsche Rückmeldung – sei es aus Angst, Feigheit oder auch Unauf-
richtigkeit –, wird der Kontakt logischerweise teilweise
blockiert, was zur Folge haben kann, dass das Medium
unsicher wird und vielleicht ganz den »Faden« verliert.

Erfahrene Medien gehen über die in solchen Situationen entstehenden Blockaden hinweg. Sie sind sich dem,
was sie wahrnehmen, so sicher, dass sie der betreffenden
Person klar und ermutigend sagen können: »Das ist so,
glaube mir, und nimm die Liebe an!« Dies habe ich hin
und wieder, vor allem bei großen öffentlichen Veranstal-
tungen mit Paul Meek erlebt.

Oftmals stellt sich nämlich *nach* einer solchen Sitzung
oder Veranstaltung heraus, dass alles bis auf die kleinsten
Andeutungen gestimmt hat. Und häufig geben die betreffenden Klienten, manchmal sogar erst nach mehreren
Wochen, die freudige Rückmeldung: »Alles hat sich so
bewahrheitet, wie es gesagt wurde. Ich habe zu Hause
nachgefragt und nachgeforscht, und es ist unglaublich,
denn alles ist wahr!«

Harmonischer Schlussakkord

Im folgenden Beispiel blockierten offensichtlich weniger Skepsis und Ablehnung als Scham und eine gewisse
Eitelkeit des Klienten die Botschaft, die für ihn aus der
geistigen Welt kam. Sender (Geistwesen) und Radio

(Medium) waren zwar optimal eingestellt, aber der Empfänger (Klient) war nicht wirklich bereit zu hören und die Botschaft auf- beziehungsweise anzunehmen. Und was nützt die schönste Musik, von Tonträgern in bester Qualität übermittelt, wenn der Hörer lieber um- oder sogar abschaltet?

Ich hatte Peter L. (46) in der Zeit, in der er intensiv um seine vor etwa eineinhalb Jahren verstorbene Frau trauerte, oft mein Ohr geliehen und ihn sozusagen ein Stück seines Weges begleitet. Schließlich lud ich ihn ein, doch einmal an einer unserer Sitzungen teilzunehmen. Er sagte zu.

Es waren noch zwei weitere Klientinnen aus einer anderen Stadt anwesend, die nach ihren jeweiligen Sitzungen, in denen Durchsagen von ihren Lieben aus der geistigen Welt übermittelt worden waren, zufrieden und getröstet wirkten. Peter war etwas zögerlich, hielt aber gleichzeitig sehr nach Hilfe und Trost Ausschau und hoffte auf eine Verbindung zu seiner verstorbenen Frau.

Erika hat bereits als Peter den Raum betrat, eine helle weibliche Gestalt dicht neben ihm wahrgenommen. Sie entspannt sich und stimmt sich energetisch auf die geistige Welt ein. Schon bald verschwimmen die Grenzen zwischen Jenseits und Diesseits, und Gefühle und Gedanken der jungen Frau – sie heißt Eva-Maria und ist etwa vierzig Jahre alt – dringen in Erikas Schwingungsfeld ein. Obwohl allen übrigen Anwesenden bereits ziemlich klar ist, dass es sich bei der Dame um Peters Frau handeln muss, zögert dieser, bestätigt nichts und sitzt wie gelähmt da. Zunächst übermittelt die ganz in Weiß »gekleidete« Dame eine angenehme Urlaubsstimmung ... Peter sagt nichts. Dann sieht Erika ein großes schwarzes Loch, und Gefühle des Schreckens und der Trauer schwingen sich ein. Vor Erikas geistigem Auge erscheint in Großbuchstaben das Wort: TODESURTEIL

Wir schauen Peter bestürzt und fragend zugleich an. Erst jetzt nickt er zögernd und bestätigt mit erstickter Stimme: »Ja, das stimmt, im Urlaub haben wir von Evas unheilbarer Krebskrankheit erfahren ... Das war ganz furchtbar.«

Wir sind alle sehr betroffen. Lange Zeit sagt niemand etwas. Dann aber meldet sich Peters Frau wieder und deutet an, dass zwischen Peter und ihr eine Sache wohl nicht an- beziehungsweise ausgesprochen wurde und somit auch nicht geklärt werden konnte, bevor sie ging. Erika teilt mit, es habe mit einer anderen Frau zu tun ..., eine andere Frau spiele eine Rolle ...

Vehement schüttelt Peter den Kopf: »Nein, nein, das kann nicht sein!«

Seine Frau jedoch zeigt Erika eine riesige Menge Teig mit dem Hinweis, es sei alles da, woraus Peter sich etwas Neues, vielleicht sogar ein ganz neues Leben »backen« könne. Ein äußerst humorvoller Vorschlag!

Peter zuckt verächtlich mit den Schultern. Wir Frauen wechseln einen Blick und ahnen etwas ... Ich frage Peter vorsichtig, ob es vielleicht eine Verbindung zu irgendeiner Frau gibt, die ihm wichtig war oder ist, außer seiner Eva-Maria.

»Nein, wo denkt ihr hin, nein. Ich habe meine Frau geliebt. Da gab es nur sie!«

Peter echauffiert sich, und ich beruhige ihn: »Das muss keine Person sein, in die du heimlich verliebt warst. Es kann auch einfach nur eine Person sein, die dir nahestand, zum Beispiel eine Ärztin, die in der Krankheits- und Sterbephase deiner Frau für euch beide oder für dich eine Rolle gespielt hat.«

»Nein, nein, da gab es keine andere Frau, auch keine Ärztin. Das alles passt nicht!«

Da zeigt Eva-Maria Erika einen großen Scherbenhaufen.

Ich spüre deutlich, dass wir jetzt Hilfe aus der geistigen Welt brauchen. Daher spreche ich ein Gebet und bitte um Aufklärung der Situation und um ein Ordnen der Gefühle.

Erika erklärt: »Es sind Porzellanscherben, keine Glasscherben, also wie bei einem Polterabend.« Alle Anwesenden (außer Peter) sind sich sicher, dass dieses Symbol für neues Glück mit einer neuen Frau steht. Dieses neue Glück ist sogar von »oben« abgesegnet, nein, viel besser noch, seine verstorbene Frau gibt ihren Segen dazu!

Erika sieht, dass Eva-Maria nickt und lächelt und spürt

Erleichterung darüber, dass diese Botschaft überbracht werden konnte. Peter aber sitzt noch immer still da und ist innerlich aufgewühlt. Davon zeugt aber nur sein hochroter Kopf, denn er schweigt weiterhin.

Da erhält Erika den Impuls: »Gib ihm ein Küsschen von mir auf die Wange!« Erika folgt dieser Aufforderung unverzüglich, setzt sich wieder und gibt schließlich – nach einer kleinen Pause – Eva-Marias Gedanken weiter: »Jetzt ist der Groschen gefallen.« Peter ist immer noch sprachlos.

Wir beenden die Sitzung mit einem Gebet und auch mit guten Wünschen für Eva-Maria und ihr Fortkommen in der geistigen Welt. Alle sind ziemlich erschöpft, und wir brauchen und machen eine Kaffeepause. Die Sache ist so klar, aber Peters Verschlossenheit und seine Zweifel lassen alles trübe und freudlos erscheinen.

»Kennst du denn gar kein weibliches Wesen, das deine Frau gemeint haben könnte?« Das ist mein letzter Versuch *nach* der Sitzung.

»Na ja, ich habe da eine Bekannte, die mir viel geholfen hat in den letzten Monaten ... Wir haben auch die gleichen Interessen, aber ...«

Unser schallendes Gelächter übertönt alle Argumente und lässt keine Rechtfertigung mehr zu. »Typisch Mann!«, sind wir Frauen uns einig.

Und Peter? Der zieht mit gemischten Gefühlen von dannen.

Ein paar Monate später treffe ich Peter L. in einem Café wieder. Wir trinken einen Cappuccino zusammen und plaudern über dies und das, eben auch über *das*: Ja, erzählt er fröhlich und gut gelaunt, er habe sich in besagte Bekannte verliebt, sie wollen zusammenziehen, und beide freuen sich auf ihre gemeinsame Zukunft, die nun – Gott, den geistigen Helfern und Erika sei Dank! – ohne Schuldgefühle, Ängste und schlechtes Gewissen gelebt werden kann.

Als wir nach diesem anstrengenden Arbeitstag wieder allein sind, frage ich Erika: »Darf ich auch mal?« Mein Bedürfnis nach Verbindung und Zuspruch von »oben« ist außerordentlich groß. Erika willigt ein, konzentriert sich und schwingt sich auf eine höhere Frequenz ein. Dann lächelt sie: »Gibt es in deiner Familie einen Pastor?«

»Nein.«

»Da steht aber einer … in wunderbarem Licht hinter dir … und segnet dich!«

Natürlich, mein Pater, unser treuer Freund und Helfer. Danke!

∞

Den bisher beschriebenen Kontakten mit Verstorbenen (und es ließen sich noch viele solcher Beispiele anführen) ist eines gemeinsam: Sie gehen *jeden* Menschen etwas an. Obwohl die Seelen aus der geistigen Welt meist nur zum jeweiligen Klienten eine persönliche Beziehung haben, werden auch wir als Zuschauer und Zuhörer von einer Welle tiefen Mitgefühls erfasst. Wir empfinden den seelischen Schmerz mit, trauern um den Verlust des geliebten Menschen, lassen uns aber auch vom Humor und von der Leichtigkeit der jenseitigen Geistwesen berühren. Wir sehen, hören, fühlen, weinen und lachen gemeinsam, sind uns in unseren Empfindungen auf einmal sehr nah und erkennen: Wir alle stammen aus derselben göttlichen Quelle, aus der heraus wir von Vater und Mutter Gott bedingungslos geliebt werden. Es wird deutlich, dass wir im anderen, in unserem Mitmenschen und Nächsten, einen Teil unseres eigenen Selbst erkennen »müssen«, ob wir wollen oder nicht. Wir alle sind Teile des großen Ganzen, wie Wellen im Meer. Jeder lebt auf seine ganz eigene individuelle Art und Weise, und doch sind wir auf globaler Ebene alle durch Mitgefühl, Achtsamkeit und Anteilnahme eng miteinander verbunden.

Geistige Wesen zeigen sich auch vor großem Publikum

Noch kraftvoller spürt man die Energien des Mitgefühls und der Nächstenliebe bei sogenannten Großveranstaltungen mit manchmal vierhundert und mehr Teilnehmern. Bevor die Geistwesen in einer so großen Menschenmenge das elektromagnetische Feld des jeweiligen Mediums erfolgreich mit ihren Energien durchdringen, nehmen einige Medien Licht(gestalten) hinter oder neben der Person wahr, für die eine Botschaft bestimmt ist. Einige andere erkennen einen flammenähnlichen Lichtschein über dem Kopf der Person und wissen anhand dieses Zeichens, an wen die Nachrichten aus dem Jenseits weitergegeben werden sollen. Eine endgültige Bestätigung bekommt das Medium aber erst durch die anschließenden Rückmeldungen der Anwesenden.

Nun könnte man meinen, dass so ganz persönliche Mitteilungen an meist fremde Menschen für die anderen Zuhörer weniger von Interesse sind, denn wer interessiert sich in der heutigen Zeit schon wirklich von Herzen – und nicht aus reiner Neugier – für das Schicksal seiner Mitmenschen, zumal dieses bei solchen Durchsagen oft nur andeutungsweise ans Licht kommt?

In der sensiblen Arbeit professioneller Medien, die einen direkten Zugang zur geistigen Welt haben, offenbart sich eine ganz besondere Dimension der Heilung, und die ist Balsam für *jede* Seele. Dabei haben die besonderen Begabungen und Fähigkeiten der einzelnen Medien natürlich einen ganz besonderen Stellenwert. Grundsatz dieser Arbeit ist: Ein hohes Maß an Verantwortungsgefühl, Bescheidenheit und Demut sowie mediale Begabung machen ein Medium »erfolgreich«. Fantasie, Selbstdarstellung und Aufschneiderei haben in dieser Arbeit nichts zu suchen. Es geht dabei ausschließlich um Sensitivität und Medialität.

Für ein besonders begabtes Medium halte ich *Paul Meek*. Er ist Engländer, wurde in seinem Heimatland zum professionellen Medium und Heiler ausgebildet, lebt und arbeitet aber bereits seit mehr als zehn Jahren in Deutschland (München). Dort, aber auch in anderen deutschen Städten sowie in Österreich und in der Schweiz gewährt er bei Vorträgen und Demonstrationen Einblicke in seine ganz persönliche Arbeitsweise. Paul Meek beginnt seine »medialen Abende« mit seinem wundervollen Klavierspiel, wodurch er die energetischen Schwingungen im Saal bereits merklich zu erhöhen vermag, und übermittelt die Aufträge und Botschaften aus der geistigen

Welt ausgesprochen liebevoll und stets gepaart mit dem ihm eigenen Humor.

Seit Langem war es ein Herzensanliegen von Paul Meek, in Deutschland eine Spiritualist Church zu gründen, nach dem Vorbild der Mutterkirche in seiner Heimat England. Gemeinsam mit den verschiedensten Helfern aus beiden Dimensionen gelang ihm dies schließlich in Form eines eingetragenen Vereins in München. Während der Gottesdienste übermittelt Paul (selbst ordinierter Pastor seiner Kirche) auch Durchsagen aus der geistigen Welt.

Dass die Aktivitäten einer solchen Glaubensgemeinschaft, in der Gott die größte Rolle spielt, weitaus höhere Dimensionen erreichen und Heilung für Geist und Seele schenken können, versteht sich von selbst und für jeden, der glaubt.

Auch das deutsche Medium *Werner Brodesser* sowie zahlreiche andere in- und ausländische Medien, die ihre Arbeit vor größerem Publikum auf Kongressen und in Seminaren vorstellen, sind gut und erfolgreich und können einerseits durch ihre Fähigkeiten, Kontakt zur geistigen Welt herzustellen, den betreffenden einzelnen Menschen im Saal direkte Lebenshilfe geben, andererseits verhelfen sie allen Anwesenden dadurch zu einer wesentlichen und wichtigen Weiterentwicklung auf ihrem spirituellen Weg. Ähnlich wie beim Familienstellen (nach Hellinger) gilt auch hier: »Anerkennen, was ist und finden, was wirkt, damit *Liebe* gelingt.«

Auf solchen Großveranstaltungen können alle im Raum Anwesenden mehr oder weniger – jeder gemäß seines spirituellen Entwicklungsstands – spüren und erleben, dass die Energien der Liebe (die auch Vergeben und Loslassen einschließen) die einzigen Kräfte sind, welche die Welt zusammenhalten: »Nun aber bleiben Glaube, Hoffnung, Liebe, diese drei; aber die Liebe ist die größte unter ihnen« (1. Korinther 13, Vers 13).

∞

Wer einmal das Glück hatte, einer Doppeldemonstration mit dem Malmedium *John Brett* und seinem Begleiter, dem Medium *Bryan Gibson*, beizuwohnen, und neben der Überbringung von Nachrichten und Botschaften auch Porträts von Geistwesen aus dem Jenseits auf dem Papier entstehen sieht, ist dementsprechend in zweifacher Hinsicht angerührt und über die von Anwesenden bestätigte Ähnlichkeit beziehungsweise Identität ihrer Lieben drüben in den Zeichnungen von John Brett äußerst verblüfft und beeindruckt.

Zu Beginn einer solchen Demonstration sitzt John zunächst vor einem leeren Blatt Papier. Die weiße Fläche wird mittels Overheadprojektor für alle auf einer Leinwand sichtbar gemacht.

Dann stimmen sich beide Medien auf die geistige Welt ein, und nach ein paar Sekunden fängt John an zu zeichnen: Er beginnt oben am Kopf, zeichnet Haare, Haaransatz und die Stirn.

Das Medium Bryan Gibson fragt nun das Publikum, ob eventuell schon jemand eine(n) Angehörige(n) oder Freund aus der geistigen Welt erkennen kann. Dann melden sich von zum Beispiel 150 Teilnehmern dreißig bis vierzig Personen. Dass die Zahl dieser Rückmeldungen anfangs so hoch ist, erklärt sich einerseits aus der Tatsache, dass viele Menschen bis zu dem bisher gezeichneten Teil des Gesichtes offenbar wirklich viele Ähnlichkeiten aufweisen, zum anderen bewirkt aber die Sehnsucht nach den Lieben im Jenseits bei vielen auch ein starkes Wunschdenken, sodass sie einfach zu erkennen *glauben*.

John zeichnet weiter: die Augenbrauen, die Ansätze der Ohren, dann die Augen. Er selbst spricht bei seiner Tätigkeit übrigens nicht.

Auf Bryans Frage aber, wer nun einen Verstorbenen zu erkennen glaubt, melden sich jetzt nur noch 15 Personen.

Nachdem die Nase, die Ohren und die Wangenknochen gezeichnet sind, verbleiben noch zehn Personen.

Bryan, der inzwischen auch einen intensiven Kontakt zu dem Geistwesen hergestellt hat, beschreibt Gefühle und Befindlichkeiten, die ihm die Seele aus dem Jenseits übermittelt. Einige Menschen nicken, offenbar erkennen sie ihre Lieben.

Als John die Oberlippe fertig gezeichnet hat, nehmen auf einmal acht Personen ihre Hand herunter.

Bryan beschreibt jetzt die übermittelten Gefühle sehr klar und deutlich, er erwähnt auch einige Details aus dem Leben des Verstorbenen. Die Menschen im Saal fangen an zu weinen. Die Anspannung vieler ist verständlich und wird deutlich spürbar.

Und als John den Mund ganz und auch die Kinnpartie fertig gezeichnet hat, hält schließlich nur noch eine Person die Hand oben. Betroffen und erleichtert zugleich hören alle den freudigen Ausruf: »Ja, das ist mein Vater, oh, ich freue mich so!«

Bryan gibt nun noch ein paar Botschaften und Gedanken von drüben an die betreffende Person im Saal durch.

Es herrscht Stille: Andacht, Ergriffenheit, Dankbarkeit, Freude, aber auch Enttäuschung und Trauer … sämtliche Gemütsregungen im Publikum scheinen zum Greifen nah. Aber John und Bryan gelingt es bald darauf, durch ihre ihnen eigene humorvolle Art, alle wieder aufzuheitern und getröstet in den Alltag zu entlassen.

Ich bewundere während einer solchen Sitzung nicht nur die medialen und spirituellen Fähigkeiten beider Medien. Auch dem Mut und der liebevollen Energie, mit der sich die jenseitigen Seelen vor einem so großen Publikum zeigen und offenbaren, gebührt meine Achtung und mein Dank.

Auch du bist medial

Wenn ich sage »Auch du bist medial«, stelle ich eine *Behauptung* auf, die gleichzeitig eine *Ermunterung* ist.

Die Behauptung werde ich zu untermauern versuchen, indem ich meine persönlichen Erfahrungen mit der Medialität schildere. Ich bin nämlich der festen Überzeugung, dass solche Erfahrungen auch von anderen Menschen, zum Beispiel von dir, gemacht werden können.

Medialität ist zunächst einmal nur die Fähigkeit, eine Verbindung zwischen zwei unterschiedlichen Energien herzustellen und sich gegebenenfalls als Vermittler zur Verfügung zu stellen. Diese Fähigkeit ist in jedem Menschen angelegt und muss nur entdeckt, bewusst gemacht und gefördert werden.

Solche mehr oder minder ausgeprägten normalen Begabungen sind bei *allen* Menschen zu finden, zum Beispiel Achtsamkeit, Fantasie, Sensibilität, Kreativität und Inspiration. Je nach dem Bewusstseinsstand eines Menschen sind auch Empathie als die Fähigkeit, sich in andere hineinzuversetzen und Sensitivität in unserer Natur angelegte Gaben.

Mehr oder weniger geschulte mediale Fähigkeiten bei *besonders begabten* Menschen entwickeln sich dann bis hin zum Hellsehen, Hellhören, Hellfühlen, zum automatischen Schreiben und zur Vermittlung von Botschaften in Trance.

Die beiden Grundvoraussetzungen für eine *spirituelle Medialität* und das gute Gelingen medialer Arbeit sind:

1. der Glaube *an* und das Vertrauen *in* eine höhere Macht, an einen Schöpfer, an Gott, an eine Urkraft, an das Geistige als feinstofflichen Ausdruck der Materie, an das Licht der Welt, oder wie immer wir die höchsten Dimensionen unseres Daseins bezeichnen mögen, und
2. ein ruhiger Gemütszustand, eine innere Stille, die es ermöglicht, das Wesen der göttlichen Energie (den göttlichen Funken) in uns selbst zu spüren, zu erkennen und als wahr anzunehmen.

Ermuntern möchte ich dich, deine angeborenen Fähigkeiten der Sensitivität und Medialität zu entdecken, ihnen zu trauen, sie zu schulen, sie so weit wie möglich in dein Leben zu integrieren und sie – so es sich ergibt – auch anderen Menschen zugutekommen zu lassen.

Alles in unserem Leben und in unserer Welt unterliegt dem kosmischen Gesetz von Ursache und Wirkung. Das heißt: Indem du den ersten Schritt in die Medialität, nämlich in deine eigene Mitte, in dein Innerstes wagst, legst du ein Samenkorn, eine Ursache, die Wirkung zeigen und Früchte tragen wird. Dein Mut, deine Offenheit, deine intensive Arbeit, dein geduldiges Bemühen und dein Durchhaltevermögen in Verbindung mit der Hilfe aus der geistigen Welt werden dich und die Welt belohnen, denn dies ist ein göttliches Versprechen: »Was der Mensch sät, das wird er ernten« (Galater 6, Vers 7).

Als mediale Menschen »arbeiten« wir mit dieser Verheißung und stehen unter dem Schutz der allumfassenden Liebe Gottes, die wir sowohl für uns selbst annehmen als auch als Hilfe zur Selbsthilfe an unsere Mitmenschen weitergeben dürfen. Wir können die Quellen in unserem Innern nutzen, um zunächst einmal unsere eigenen, alltäglichen Probleme besser zu bewältigen und unser Leben aktiver und schöner zu gestalten. Dann werden wir vielleicht auch mehr Freude an uns selbst und mit Freunden entwickeln und so ganz einfach glücklicher sein.

Der Weg in die eigene Mitte

Nachdem du dich entschieden hast, den medialen Weg zu gehen und die entsprechenden Fähigkeiten in dir zu entdecken und zu entwickeln, solltest du zuerst dich selbst, dein Innerstes, richtig kennenlernen und in dich hineinhören. Bevor du wirklich in deiner Mitte ankommen, bei dir sein und dich selbst spüren kannst, müssen alle möglichen Ablenkungen im Außen beseitigt werden. *Es bedarf der äußeren Stille, um die innere Stille wahrnehmen zu können.*

Dies haben verschiedene Bruder- und Schwesternschaften in Klöstern immer wieder erfahren und geübt, und sie tun es noch heute. Auch für uns, die wir auf der Suche nach unserem Selbst, unserem Kern und dem Gottesfunken in uns sind, können Wochenenden der Stille und des Schweigens in einer Klostergemeinschaft eine willkommene Gelegenheit zur Einkehr bieten.

Einen ruhigen Ort, an dem der Lärm der Welt dich nicht erreicht, kannst du aber auch ganz wunderbar und einfach in einem Zimmer deiner Wohnung finden. Schaffe dir einen eigenen kleinen »Kraftplatz«. Dort sollte ein für dich bequemer Stuhl oder Sessel stehen. Außerdem benötigst du Entspannungsmusik deiner Wahl sowie eine schlichte (möglichst weiße) Kerze. Lass alles weg, was dich ablenken könnte, und achte darauf, dass du deine Übungen anfangs allein (auch ohne die Anwesenheit eines Tieres) durchführst.

Meditation *(lat. Versenkung)*

Schließe die Fenster, stelle die Türklingel ab, schalte das Telefon, den Fernseher und das Radio aus und schließe die Tür zu deinem Zimmer, damit niemand dich dort stören kann.

Sei allein mit dir in deinem Raum, denn deine *Ohren* brauchen den äußeren Schutz, damit sie innerlich hören lernen.

Zwangsläufig kommt auch dein *Mund*(werk) zur Ruhe, denn du könntest nur Selbstgespräche führen oder singen. Unterlass dies aber während der bevorstehenden Reise in deine Mitte. Halte dich aus, damit es um dich und in dir noch stiller werden kann.

Setze dich entspannt und in lockerer Kleidung auf deinen Stuhl oder in deinen Sessel. Stelle die *Füße* – parallel zueinander – fest auf den Boden und lass sie dort. Schlage die Beine nicht übereinander. Wenn du dich im Sitzen nicht so gut entspannen kannst, lege dich flach auf den Boden, stütze aber deine Knie und deinen Kopf jeweils durch ein Kissen bequem ab.

Lass die *Hände* ruhen, spiele nicht mit den Fingern und hantiere nicht mit Gegenständen oder Teilen deiner Kleidung. Am besten faltest du die Hände oder legst die Handflächen auf die Oberschenkel (nicht nach oben geöffnet, das kommt später).

Schließe die *Augen*, damit du nicht durch äußere Eindrücke abgelenkt wirst. Du möchtest ja lernen, nach innen zu schauen.

Was jetzt noch in Bewegung ist, das sind dein Atem und ganz sicher viele Gedanken in deinem Kopf. Diese *Gedanken* abzustellen, ist dir anfangs noch nicht möglich, aber dadurch, dass du dich jetzt ganz und gar auf deinen *Atem* konzentrierst, deinem Atem lauschst, ziehen viele deiner Gedanken einfach so vorbei. Miss ihnen keine Bedeutung bei, sie kommen und gehen und werden allmählich immer unwichtiger.

Lenke deine Aufmerksamkeit möglichst nur auf das Einatmen (durch die Nase) und das Ausatmen (durch den leicht geöffneten Mund).

KOFHAGA
(Körper, Ohren, Füße, Hände, Augen, Gedanken, Atem)

Verinnerliche diese Reihenfolge und übe sie immer wieder, jeden Tag neu. Erweitere die Übung dann dadurch, dass du zwanzig Minuten lang eine ruhige Musik deiner Wahl abspielst. Genieße diese Musik, während du atmest – ein und aus, ein und aus …

Vielleicht hilft es dir, das Wort *Ruhe* zu sagen, während du atmest: *Ru-* (einatmen) und *he* (ausatmen). Oder du stellt dir beim Einatmen frische und beim Ausatmen verbrauchte Luft vor. Lass immer mehr los!

Wenn du deine Medialität entwickeln willst, solltest du diese einfache Übung täglich durchführen, am besten immer zur gleichen Zeit, sodass sie zu einem festen Ritual in deinem Tagesablauf wird.

Ziele der ersten Meditationsübungen sind:

- das Loslassen der Gedanken
- das Genießen des Gefühls der Entspannung und
- das Erleben innerer Stille

Mir ist es mithilfe dieser Übungen nach und nach immer besser gelungen, meine Gedanken zu ordnen und allmählich zur Ruhe kommen zu lassen. Schließlich waren die Gedanken nur noch Fetzen – leichte weiße Federn, die irgendwohin flogen. Und was dann aus der Ruhe in mir aufstieg, war oft Rat und Wegweiser für die jeweilige Situation.

Die innere Umarmung

Zunächst geht es darum, sich quasi selbst im Inneren zu spüren und zu berühren. Dafür ist es unabdingbar, dass du dich ganz bewusst als Gottesgeschöpf annimmst, liebst, umarmst und ins Herz schließt, und zwar so wie du bist, mit allem, was dich ausmacht, auch mit allen Gegensätzen, mit dem Hellen und dem Dunklen. Die Gegensätze gehören zu dir, sonst wärst du nicht ganz. Zögere nicht! Du bist Gottes Kind, eine wunderbare Person und ein liebenswerter Mensch.

Meditation mit schamanischer Trommelmusik

Immer wieder berichten mir Klienten von Meditationsübungen, bei denen sie indianische Trommelmusik er-
klingen lassen. Die Trommel ist eines der ältesten Instru-
mente der Menschheit. Durch ihren monotonen Klang
und den regelmäßigen Trommelschlag kann sie eine Tie-
fenentspannung im Menschen bewirken, die einem inneren Schweben gleicht und ihn in die Lage versetzt,
Kontakt mit seiner Intuition aufzunehmen.

Der erweiterte Bewusstseinszustand bei den vorangegan-
genen Meditationsübungen bietet uns dann eine Platt-
form, von der aus wir sehr gute Visualisierungsübungen
anschließen können.

Seelenreisen

Seelenreisen sind solche Visualisierungsübungen, bei denen wir uns trauen (können), die Seele einfach »fliegen«
zu lassen. Ich empfehle jedoch, sich vor einer solchen
Übung stets zu »erden« und außerdem ein kurzes *Gebet*
zu sprechen, in dem um Hilfe und Schutz für die bevorstehende Reise ersucht wird.

Die *Erdung* geschieht, indem du dir vorstellst, dass aus
deinen Fußsohlen, die fest auf dem Boden stehen, lange
kräftige Wurzeln wachsen, die dich tief in der Erde ver-
ankern, dir Halt geben und dafür sorgen, dass du niemals
»abdriftest«.

Wenn du deine Übungen im Liegen durchführst, stell dir vor, wie stark die Anziehungskraft der Erde ist, auf die du deinen Körper legst. Mach dir klar, dass du von unten gehalten und von oben beschützt wirst. Hab Vertrauen!

Die Ausflüge der Seele sind anfangs vielleicht nur ganz kurz und beginnen unterschiedlich. Ich (meine Seele) zum Beispiel bin, um von der Erdebene wegzukommen, in meiner Vorstellung zu Beginn immer drei Stufen aufwärts gestiegen und habe mich von dort einfach fallen lassen. Und wo kam ich an?

Einmal landete ich mit einem fliegenden Teppich auf einer großen bunten Blumenwiese. Ein anderes Mal fand ich mich inmitten einer Obstplantage wieder. Ich kostete von allen Früchten, sammelte sie ein und gab sie, je nach Sorte, in verschiedene Körbe, die überall herumstanden. Wieder ein anderes Mal lief ich über einen Steg zu einem Boot und paddelte eine Zeit lang über einen stillen See. Oder ich schwebte auf einem wolkenähnlichen Lichtballon über mein Land, sah alles von oben und erkannte vieles. Diese Visionen sind ähnlich wie Tagträume, denen sich sicherlich jeder von uns schon einmal hingegeben hat.

Anfangs begegnete ich niemandem bei meinen Ausflügen, aber nach und nach ergaben sich Situationen, in denen ich mit anderen Menschenseelen (die vielleicht auch auf Reisen waren) zusammentraf, und nach gar nicht allzu langer Zeit des wiederholten Übens folgten deutlich erlebnisreichere Seelenreisen, die so schön und wunderbar waren, dass ich zwei von ihnen hier wiedergeben möchte:

Seelenreise 1
Während einer Meditation
Es ist ganz ruhig. Ich gehe wie immer die drei Stufen aufwärts auf meinem Lebensweg, lasse mich fallen und komme auf einer großen saftiggrünen Wiese mit vielen bunten Blumen an. Zahlreiche Schmetterlinge fliegen umher. Ich trage ein langes türkisfarbenes Gewand mit weiten »Flügelärmeln« und laufe barfuß. Schmetterlinge und Bienen setzen sich auf meine ausgestreckten Hände. Auch kleine Vögel lassen sich dort nieder. Auf der Wiese bin ich ganz allein. Die Sonne scheint. Ich lege mich ins weiche Gras. Der Wind berührt mich sanft, und ich schaue in den strahlendblauen Himmel. Alles ist sehr angenehm. Da kommt ein Pferd angesprungen. Sein Fell ist hellbraun, und es hat eine blonde Mähne. Es bleibt direkt vor mir stehen. Ohne zu zögern springe ich auf seinen Rücken, kralle mich in seiner Mähne fest, und wir galoppieren davon …

Das Pferd riecht gut. Ich fühle seinen warmen Körper unter mir, bin fast eins mit dem Tier. Es galoppiert bergan und bleibt dann unter einem großen Baum stehen. Ich springe ab und lege mich unter den Baum, dessen Krone mir wie ein riesiges Dach Schatten und Schutz bietet. Ich schließe die Augen.

Als ich sie nach kurzer Zeit wieder öffne, ist das Pferd fort. Unten, am Fuße des Berges, erblicke ich eine kleine weiße Kirche. Dort zieht es mich hin, und ich laufe darauf zu. Die Treppe zur Kirche gehe ich ganz langsam hinauf. Links neben der Eingangstür hängt auf einem Kleiderständer ein langes weißes Gewand für mich – wieder mit weiten Flügelärmeln. Ich tausche die Kleider, öffne die Kirchentür und betrete die Kapelle. Sie ist ganz hell, alles ist weiß … die Bänke, der Boden, die Lampen, die Decke, das Kreuz und auch der Altar. Außer mir ist keine Menschenseele in diesem Raum. Auf einmal höre ich schwebende helle (weiße) Musik … und gehe ganz langsam nach vorn. Vor dem Altar steht eine niedrige weiße Bank. Hier knie ich nieder. Ein riesengroßes, dreieckiges Licht erscheint mir gegenüber. Es bewegt sich langsam auf mich zu, und weiße »Lichthände« segnen mich. Ich bin zwar aufgeregt, kann aber dennoch alles in Ruhe annehmen. Dabei durchströmt mich ein Gefühl von unbeschreiblicher Leichtigkeit und tiefem Frieden.

Nach dem Segen stehe ich auf, verbeuge mich und gehe (ungeduldig – das bin ich!) rückwärts, also mit dem Gesicht weiterhin dem Licht zugewandt, zur Tür. Ich öffne sie, trete hinaus und schließe die Tür wieder. Erst dann drehe ich mich um. Eine riesige Menschenmenge wartet vor der Kirche, ganz still. Ich gehe auf die Frauen, Männer und Kinder zu und segne sie mit einer kurzen Berührung. Die Menge teilt sich. Ich gehe durch den

Gang in der Mitte und gebe den Segen nach rechts und nach links ab, immer wieder, immer neu.

Am Ende bin ich ganz krumm, mein Rücken schmerzt, ich bin völlig erschöpft. Man legt mich auf eine weiße Liege und hält schützend große weiße Segeltücher über mich. Menschen halten abwechselnd Wache. Alles ist still. Ich schlafe ein und schlafe tief …

Als ich wieder erwache, bin ich ausgeruht und voller Tatendrang. Jetzt ziehe ich einen weißen Arbeitsanzug an. Viele, sehr viele Menschen sind da. Sie freuen sich auf unsere gemeinsame Aufgabe: Wir bauen zahlreiche weiße Häuser aus großen, aber ganz leichten Steinquadern. Die Dächer sind flach. Ich (mein Ego) will blaue, rote, gelbe Häuser, also eine bunte »Siedlung« bauen, aber das geht nicht, soll nicht sein. Alles bleibt weiß, dazu der blaue Himmel über uns. Es sieht wunderschön aus! Auf die Flachdächer stellen wir Liegestühle, die mit weißem Leinenstoff bespannt sind. Zahlreiche Kranke, darunter sehr viele Kinder, werden behutsam darauf gebettet. Große weiße Segeltücher und Sonnenschirme geben ihnen Schutz. Alles ist gut.

Dann habe ich das Gefühl, dass ich zurück muss. Ich weiß die Arbeit dort in guten Händen. So viele Menschen helfen mit. Zum Abschied winke ich, und sie alle winken zurück. – »Ich komme wieder!« …

Bald stehe ich erneut vor der kleinen Kirche, wo mein türkisfarbenes Kleid für mich bereitliegt. Ich schlüpfe hinein, »mein« Pferd kommt angesprungen, ich schwinge mich auf seinen Rücken, und es bringt mich zurück auf die Wiese, an deren Rand ich die drei Stufen erkenne. Ich steige ab, bedanke mich, das Pferd galoppiert davon und – ich bin wieder da.

Nach dem »Aufwachen« nehme ich meine Fußsohlen auf dem Boden ganz bewusst wahr. Ich bewege meine Hände und Finger, öffne die Augen, recke und strecke mich, fühle mich gestärkt und so wohl wie schon lange nicht mehr.

Seelenreise 2
Während des Harfenkonzerts mit Frauke Horn am 7. August 2008 in der katholischen Kirche auf der Insel Juist
Nach dem dritten gezupften Klang der Harfe springe ich ab, habe sofort große weiße Flügel, die aussehen wie die Schalen einer amerikanischen Bohrmuschel, welche von Muschelsuchern tatsächlich »Engelsflügel« genannt werden. Ich fliege schwungvoll geradeaus, dann eine leichte Kurve rechts, einen großen Bogen nach links, Kreise, Spiralen, Loopings … ein ungeheuer leichtes und freies Gefühl … schön!

Da sehe ich tief unter mir das weite Meer, blaugraues Wasser, das durchzogen ist von weißen Gischtkronen, die an dem langen weißen Strand auslaufen. Der Strandstreifen selbst ist nicht breit, und zu den Dünen hin begrenzen ihn große knorrige Bäume. Auf einem von ihnen, einem besonders alten Baum, lasse ich mich nieder, »hänge« meine Flügel in die Zweige, springe hinunter auf den sandigen Boden und laufe dann ans Wasser.

Sofort weiß ich, was ich zu tun habe: Man hat mir aufgetragen, Seelen aus dem Meer zu »fischen« … Schiffbrüchige, Ertrunkene, Verunglückte und Selbstmörder. Als wenn sie gewusst hätten, dass ich komme, sind alle gleich zur Stelle. Mit einem aufmunternden »Komm!« locke ich die Seelen aus den Fluten, jede Seele einzeln – aus einer Welle heraus an Land. Ich begrüße sie freundlich, und sie alle sind überaus froh, endlich »gerettet« worden zu sein.

Allmählich beginnt die Sonne zu sinken, und als sie dann ganz tief steht, schimmern ihre Strahlen in sattem Rotgold, das im Wasser wunderschön leuchtet und glitzert. Auch der Strand wird in die warme Farbe getaucht … und auf einmal sehe ich etwas abseits eine lange, für die vielen Gäste hergerichtete Tafel. Sie steht parallel zum Saum des Meerwassers; eine große weiße Decke liegt auf dem Tisch, und zahlreiche Gläser sowie ein übergroßer Glaskrug mit Wasser stehen darauf. Vor dem Tisch reiht sich ein großer Korbstuhl an den anderen; alle Stühle haben eine hohe Rückenlehne.

Ich bitte die geretteten Gäste zu Tisch, setze mich in die Mitte, und rechts und links von mir schließen sich die Seelen an. Alle finden einen Platz. Wir schauen still aufs Wasser, das sich inzwischen ganz beruhigt hat … nur ganz leise laufen sanfte, flache Wellen ans Ufer. Niemand spricht. Es wird dämmrig, und die Sonne ist inzwischen ein glutroter Ball und strahlt uns über die Wasseroberfläche hinweg an.

Ich gieße allen von dem kühlen Wasser ein, das sogleich zu Sternenwasser wird: Kleine glitzernde Sternchen schwimmen darin. Wir stoßen auf die Rettung an, und dann kippen alle ihren Stuhl nach hinten, sodass wir wie in einem bequemen Liegestuhl in den Himmel schauen können. Erste Sterne werden dort sichtbar, und wir fassen uns glücklich an den Händen, während die Sonne sinkt. Bevor sie ganz im Meer verschwindet, sendet sie letztmalig ihre rotgoldene Leuchtkraft zu uns hinüber, und ihre Energie durchläuft unsere miteinander verbundenen Hände und Arme.

Ein tiefes und dankbares Aufatmen – wie ein großes Gebet – geht durch unsere Reihe, und genau in diesem Augenblick fällt für jeden von uns ein Stern vom Himmel herab. Wir lassen unsere Hände los, und ein jeder fängt seinen leuchtenden Stern auf, den wir uns überglücklich ans Herz drücken.

Inzwischen ist es um uns herum dunkler geworden; selbst der Himmel scheint blauschwarz. Nur unsere Sterne leuchten noch – und wir mit ihnen!

Wie auf ein Zeichen löst sich die Gruppe allmählich auf: Einige gehen am Strand spazieren, andere setzen sich an ein Lagerfeuer und singen leise, manche Seelen sitzen ganz still und tief in sich versunken im Sand, andere wieder umarmen sich, einige lieben sich …

Ich spüre, dass es für mich jetzt an der Zeit ist zu gehen.

Alles ist getan, und es ist gut.

Ich ziehe mich auf meinen Baum zurück, lege meine weißen Flügel wieder an, nehme den geschenkten Stern fest in beide Hände und fliege, fliege, fliege … bis ich nach einem langen Flug wieder in der Kirche dicht neben der Harfe lande.

Ich störe niemanden. Einige Zuhörer schauen kurz auf, lächeln mich an, und die Harfenistin spielt weiter … wunderschöne Sternenmusik »Between heaven and earth«.

Die Verbindung zur geistigen Welt

Wenn dir diese und ähnliche Seelenreisen oder Meditationen ein Wohlgefühl vermitteln und du Vertrauen gefasst hast in dich und das, was mit dir geschieht, bist du ganz entspannt und in deiner Mitte. Dann kannst du dich öffnen für die erste *bewusste* Verbindung zur geistigen Welt, in der dein Schutzengel, viele Licht- und Geistwesen (unter anderen auch Verstorbene), Geisthelfer, Geistführer, die Erzengel, Maria, Christus und Gott darauf warten, mit dir in Kontakt zu treten. Sie alle stehen dir zur Verfügung, letztlich natürlich stets nach ihrem Wunsch und Willen, aber immer gemäß deiner Seele, der Absicht in deinem Herzen und deines Seelenzustands.

Nun ist es auch an der Zeit, dass du deine Hände nach oben geöffnet auf deine Oberschenkel legst – ein Zeichen dafür, dass du bereit bist, geistige Geschenke zu empfangen.

Die erste von dir gewünschte Verbindung soll dich nicht überfordern und dir keinesfalls Angst machen. Daher beginnst du zunächst mit der einfachsten und zugleich sichersten Verbindung, dem *Gebet*.

Bist du jetzt enttäuscht?

Dazu besteht kein Grund, denn »Gebete sind Straßen ins Jenseits« (Gertrud von Le Fort), und ich kann dir aus eigener Erfahrung versichern: Beten hilft immer, auch in noch so vermeintlich aussichtslosen oder verzwickten Situationen. Natürlich gilt – wie bei all unseren Bemühungen – nicht unser, sondern Sein Wille, der Wille Gottes, des großen Lichts, der Ursprungsenergie, der Schöpferkraft. Gott (der Vater und Mutter in einem für uns ist) vergisst dich nicht. Er überfordert dich nicht, lässt dich nicht allein. Er steht zu dir, du bist sein Kind, von ihm bedingungslos geliebt.

Was aber kannst du beten? Alles! Und zwar ganz so, wie du es möchtest, wie es für dich stimmig ist, dem Entwicklungsstand deiner Seele gemäß und daher richtig. Bekannte Gebete und Texte, wie beispielsweise das Vaterunser oder der Psalm 23, haben einerseits den Vorteil, dass sie einfach nachzusprechen sind und man sich an sie halten, ja sogar an ihnen festhalten kann. Andererseits besteht natürlich auch die Gefahr, dass man sie einfach daherplappert, ohne wirklich auf ihren Inhalt zu achten. Daher solltest du wissen: Du kannst mit allen Wesen der geistigen Welt ganz normal sprechen und ihnen alles anvertrauen und erzählen. Du kannst sie bitten und ihnen danken – in deiner Sprache und mit deinen Worten. Sie wissen ohnehin über alles Bescheid, was dich bewegt, kennen all deine Bedürfnisse und Ängste: »Euer Vater weiß, was ihr braucht, noch ehe ihr ihn darum bittet« (Matthäus 6, Vers 8).

Wichtig und wirksam beim Gebet ist einzig und allein die Absicht in deinem Herzen!

Ein schönes Beispiel für den Einstieg ins Beten gab mir eine Dame, die noch nie in ihrem Leben bewusst gebetet hatte. Eines Tages sagte sie: »Hallo, ihr Engel da oben, helft mir. Ich weiß nicht, was ich beten soll!« Und die Engel erhörten ihr *erstes Gebet(!)* und reagierten prompt. Tags darauf wurde sie eingeladen, in einem neu gegründeten Chor ihrer Gemeinde mitzusingen. Sie nahm die Einladung freudig an und sang fortan mit. Und »wer singt, betet doppelt« (Augustinus). Die Strophe, die der Dame von der ersten Chorprobe an im Gedächtnis beziehungsweise im Herzen blieb und die sie seitdem jeden Morgen betet, stammt aus einem Lied, das Claude Fraysse nach Psalm 9 komponiert hat (evangelisches Gesangbuch 272): »Ich lobe meinen Gott von ganzem Herzen. Erzählen will ich von all seinen Wundern und singen seinem Namen. Ich lobe meinen Gott von ganzem Herzen. Ich freue mich und bin fröhlich, Herr, in Dir, Halleluja!«

Nachdem ich in verschiedenen Büchern gelesen hatte, dass sich geistige Wesen hin und wieder bemerkbar machen, zum Beispiel über elektrische Geräte, hatte ich eines Tages das Bedürfnis, auch diese Möglichkeiten der Verbindung zwischen geistiger und materieller Welt genauer unter die Lupe zu nehmen.

Sicherlich hat jeder von uns schon einmal das Gefühl gehabt, eine Person (oft ein kurz zuvor Verstorbener) befände sich in unmittelbarer Nähe, ohne dass wirklich jemand anwesend war. Man spürt vielleicht einen leichten kühlen Hauch an der Wange oder es ist, als tippe einem jemand auf die Schulter, um so unsere Aufmerksamkeit auf sich zu ziehen. In meinem Fall flackerte eines Tages plötzlich das linke Licht einer zweiarmigen Lampe in meinem Badezimmer. Ich hatte gelesen, dass die geistigen Wesen ihre Energie so einschwingen können, dass sie mit den Schwingungen von elektrischen Geräten korrespondieren und dass sie dann über diese Geräte Signale an uns senden können – und vielleicht noch viel mehr …

Jedenfalls hielt ich mich im Badezimmer auf, genauer gesagt lag ich ganz entspannt in meiner Badewanne und genoss das duftende Vollbad, als die Lampe zum ersten Mal flackerte – nur ganz kurz. Da kam mir der Gedanke, wie schön es doch wäre, wenn ich auf diese Art Kontakt zu meinem Vater bekommen könnte. Kaum hatte ich diesen Gedanken wahrgenommen, begann das Licht vehement zu flackern. Sollte das Experiment wirklich glücken? Als Antwort flackerte das Licht noch länger und stärker als zuvor. Ich lag regungslos in meiner Wanne und wagte kaum zu atmen.

»Papa ... bist du da?«

Das Licht des linken Lampenarmes ging ganz aus.

War wohl doch nur ein Wackelkontakt, mutmaßte ich, doch gleich darauf flackerte das Licht wieder wild drauflos.

»Papa, geht es dir gut?«, fragte ich zögernd.

Das Licht erlosch.

Ich stieg aus der Wanne und drehte die Glühbirne fester in die Fassung, um einen Wackelkontakt auszuschließen. Die Lampe brannte wieder. Ich legte mich nochmals ins warme Wasser. Jetzt war die Elektrik wohl wieder ganz stabil ... Da begann das Licht von Neuem zu flackern.

»Papa, gib mir jetzt bitte ein ganz sicheres Zeichen, dass du da bist.«

Die linke Lampe erlosch und blieb dunkel. Ich stieg aus der Wanne, trocknete mich ab und zog mich an. Die linke Lampe blieb dunkel. Ich schaffte noch etwas Ordnung, löschte auch die anderen Lichter und ging zu Bett.

Am nächsten Tag betrat ich das Bad, knipste das Licht an und – der linke Leuchterarm winkte mir zu!

»Hallo, Papa, schön, dass du dich meldest. Ich danke dir für deine Zeichen und für die Gewissheit, dass du stets in meiner Nähe bist. Ich beginne nun meinen Tag in Gedanken an dich und wünsche dir alles Gute. Ist das so in Ordnung?«

Prompt erlosch das Licht. Für mich steht seitdem eindeutig fest, dass mein Vater diese Verbindung über die Elektrizität nutzt, um sich hin und wieder bei mir in Erinnerung zu bringen und mich zu grüßen (starkes Flackern des Lichtes). Auch bin ich sicher, dass das Erlöschen des Lichtes ein Ja von ihm bedeutet.

Ein weiteres, für mich persönlich wichtiges Erlebnis hatte ich während eines Vortrags mit dem Medium Stefanie Ponto-Bodner. Die Atmosphäre in dem mit etwa dreißig Zuhörern gefüllten Raum war ausnehmend gut. Überall brannten Kerzen. Ich war entspannt und zugleich irgendwie erwartungsvoll. Da ich meine Fähigkeit des Aurasehens inzwischen ein wenig weiterentwickelt hatte, versuchte ich, die Aura von Stefanie, die vor einer großen hellen Wand an ihrem Rednerpult stand, zu erkennen. Kaum hatte ich mich auf sie konzentriert, erblickte ich hinter und neben ihr insgesamt drei große strahlende Lichtgestalten. So etwas hatte ich noch nie gesehen!

Während ich noch überlegte, ob es sich dabei vielleicht um Lichtreflexe der vielen brennenden Kerzen handeln könnte (was völliger Unsinn war, denn die hätten ja dunkle Schatten an die Wand geworfen!), sagte Stefanie: »Na ja, manchmal sagen mir auch Teilnehmer, sie sähen große Lichtgestalten um mich herum, wenn ich so begeistert wie jetzt von meiner medialen Arbeit berichte ...«

»Ja, stimmt genau«, dachte ich erfreut, traute mich jedoch noch nicht, dies öffentlich zu bestätigen. Aber das

Vertrauen in meine eigene Medialität wuchs an diesem Abend natürlich erheblich.

Ich könnte noch viele Beispiele anfügen, die belegen, dass wir durch stetiges Üben – und *nur* durch Üben – unsere medialen Fähigkeiten entwickeln, erweitern und vervollkommnen und so die Verbindung zur geistigen Welt festigen können. Falls du meine bisherigen Übungsvorschläge ein wenig zu einfach und zu bieder findest, bedenke: Jeder Mathematiker beginnt mit dem kleinen Einmaleins, und jeder Musiker lernt zu Beginn seiner Laufbahn erst einmal die Noten!

Eine Möglichkeit des Übens, die sowohl das Beten als auch das Meditieren fördert und so den Kanal zwischen Diesseits und Jenseits stets offen und rein hält, bietet das Büchlein *Perlen des Lebens* mit dem dazugehörigen Perlenarmband (siehe Bibliografie). Es ist ein spirituelles Inspirationsbuch zu dem bekannten und beliebten modernen »Rosenkranz« des schwedischen Bischofs Martin Lönnebo, den dieser vor mehr als zehn Jahren in einer besonderen Situation angefertigt hat. Das Perlenarmband enthält 18 Perlen für verschiedene Aspekte des Lebens: für Gott, für dich, für die Stille, für die Traurigkeit, für die Nacht, aber auch für die Liebe, die Auferstehung, die Ruhe, die Geheimnisse des Lebens ... Die aufgereihten Perlen kann man immer und überall bei sich haben – am Handgelenk, aber auch in der Hosentasche.

Pflege des Kontakts zur geistigen Welt

Mit der Pflege des Kontakts zu Wesen aus der geistigen Welt ist es ähnlich wie mit den Anstrengungen, die wir unternehmen, um mit unseren Freunden, Familienangehörigen und Arbeitskollegen in Verbindung zu bleiben. *Aufrichtigkeit* und *Wohlwollen* bilden die Basis für gute Kontakte, sowohl mit Menschen als auch mit geistigen Wesen.

Regelmäßiges Beten (Bitte, Dank und Fürbitte) hat mir die Tür zur geistigen Welt geöffnet, und so habe ich von dort im Laufe der Zeit immer häufiger Tipps, Hilfen und Hinweise für mein Leben erhalten. Anfangs kamen in den unterschiedlichsten Situationen nur kurze Impulse, regelrechte Ein-fälle von oben:

Während eines Nordseeurlaubs lief ich allein am Strand entlang, und kurz bevor ich mich in die Fluten stürzen wollte, wurde mir eingegeben: »Frag das Meer, ob du eintreten darfst.«

Als auf unserem Grundstück ein übergroßer Baum gefällt werden musste, um bei Sturm niemanden zu gefährden, hörte ich ganz deutlich: »Berühre ihn zum Abschied, und lass ihn dann liebevoll los!«

Jedes Mal, wenn ich mit dem Auto an Kadavern von Tieren vorbeifahren muss, die im Straßenverkehr ums Leben kamen, löst ein Impuls das Bedürfnis in mir aus, diesen Kreaturen eine gute Reise ins Jenseits zu wünschen.

Dann visualisiere ich eine strahlende Lichtsäule, über die ihre Seelen heil im Tierhimmel ankommen mögen.

Viele solcher Impulse aus der geistigen Welt haben mich davon überzeugt, dass alles, was lebt (ob Mineral, Pflanze, Tier oder Mensch), einerseits beseelt ist und Schmerzen empfindet, andererseits aber einer liebevollen Behandlung bedarf, um gut gedeihen und wieder vergehen zu können. Ich bin sicher, dass uns die geistige Welt mit solchen Hinweisen und Aufforderungen dazu bringen will, insgesamt achtsamer mit der Schöpfung umzugehen. Und indem wir diese Hinweise beachten, ermöglichen wir unserer Seele das Erreichen einer höheren Entwicklungsstufe, was wiederum unserer Medialität zugutekommt. Je öfter du solchen Impulsen beziehungsweise deinem Bauchgefühl traust, desto häufiger wirst du merken, dass du richtig liegst und von oben kräftig unterstützt wirst.

Während der Autofahrt zu einem Seminar über Medialität hörte ich – etwa auf halber Strecke – plötzlich die Aufforderung: »Verlasse die Autobahn und fahre über die Dörfer!« Ich tat dies und hörte hinterher im Radio, dass sich auf meiner Strecke, kurz nachdem ich abgebogen war, ein schwerer Unfall ereignet hatte. Durch die Warnung war ich also zum einen nicht in den Unfall geraten und unbeschadet geblieben und zum anderen pünktlich zur Begrüßung auf dem Seminar eingetroffen.

»Eigentlich müsste ich (*sie* oder *ihn*) mal wieder anrufen«, ist ein Gedanke, den jeder von uns schon einmal hatte. Und oft klingelt dann Sekunden später das Telefon, und genau die Person, an die man kurz zuvor gedacht hat, meldet sich.

Während einer langen Autofahrt sann ich über einen geeigneten Titel für mein bevorstehendes Buch nach. Ich legte eine Kassette mit wunderschönen Taizé-Gesängen von Frère Roger ein, weil ich hoffte, die mich umgebenden Schwingungen dadurch erhöhen zu können. Schließlich wollte ich, dass meine Bitte an die Engel, mir bei der Suche nach dem richtigen Titel behilflich zu sein, erhört würde. Ich sang alle Lieder laut und begeistert mit, und als ich an einem Stauende plötzlich stark bremsen musste, drang es wie ein Trompetenstoß aus den Wolken an mein rechtes Ohr: »Bitte, melde dich!« Mir wurde sofort klar, dass *dies* der passende Titel für mein Buch war, und ich konnte nur noch »danke, danke, danke« nach oben melden.

Ich könnte noch viele ähnliche Begebenheiten schildern, bei denen die geistige Welt sich bemühte, mit mir in Kontakt zu kommen. Dass der Himmel das Beten als die wirkungsvollste Möglichkeit ansieht, mit ihm, also mit der geistigen Welt, dem Höheren Selbst, den geistigen Führern und anderen göttlichen Boten in Resonanz zu gehen, zeigen auch die folgenden beiden Beispiele:

144

Vor mehreren Jahren war unsere Tochter so krank, dass wenig Aussicht auf Besserung der Symptome oder gar Heilung der Krankheitsursache bestand. Als Eltern zerbrachen wir uns den Kopf über noch nicht ausgeschöpfte Therapiemöglichkeiten, und als Mutter hat mich das Leiden meiner Tochter natürlich ganz besonders berührt und bedrückt. Ich schlief sehr schlecht, hatte Angst, war sehr nervös und fing sogar wieder mit dem Rauchen an, bis ... ja, bis ich eines Nachts aus dem Schlaf hochfuhr, weil mir von oben ganz klar folgende Zeilen aus Paul Gerhardts Lied angeboten wurden:

> Mit Sorgen und mit Grämen
> und mit selbsteig'ner Pein,
> lässt Gott sich gar nichts nehmen,
> *es muss erbeten sein.*

Ich wusste sofort, was zu tun war.

Und noch ein weiteres Mal verwies mich der himmlische Rat auf das Gebet, nämlich als ich auf der Suche nach einem schönen Kreuz als Kettenanhänger war. Ich hatte schon sehr lange nach einem solchen Talisman fürs Leben gesucht, aber einfach nicht das richtige Kreuz für mich gefunden. Da bekam ich eines Tages eine eindeutige Durchsage, die wie durch einen Trichter in mein rechtes Ohr gelangte: »Wenn du betest, brauchst du kein Amulett.«

Das saß! Ich konnte von meiner etwas zwanghaft gewordenen Suche nach einem Kreuz ablassen und verlegte mich von da an getrost aufs Beten. Seither nenne ich diesen Trichter, den ich übrigens stets strahlend hell wahrnehme und durch den ich immer häufiger gezielte Hinweise und Botschaften aus der jenseitigen Welt erhalte, meine »weiße Tüte«.

Durch diese kleinen und größeren Impulse und Hinweise spürte und erkannte ich, dass die Verbindungsstraße von oben zu mir angelegt war. Man war mit mir in Kontakt getreten. Da ich diesen Kontakt natürlich halten und weiterentwickeln wollte, lud ich die Wesen aus der anderen Wirklichkeit ein, mit mir zu »telefonieren« und mich auch zu besuchen, genau wie man das bei lieben Freunden tut, die man gern um sich hat (wobei ich vor den Besuchern aus der anderen Wirklichkeit natürlich ein wenig Angst hatte). Aber die geistige Welt geht ganz behutsam mit einem um, damit man sich ja nicht erschreckt und dann vielleicht wieder zurückzieht.

In den Jahren 2000 und 2001 fuhr ich regelmäßig einmal wöchentlich zu einer spirituellen Weiterbildung. Auf dem Weg dorthin kam ich stets an einer Unfallstelle vorbei, an der drei Holzkreuze in den Boden gesetzt waren. Jedes Mal betete ich für die Verstorbenen in der Gewissheit, dass sie meine guten Gedanken als Licht empfangen würden. Außerdem bat ich die Helfer in der geistigen Welt, sich dieser drei Seelen anzunehmen. An einem Samstag im Juli 2001 setzte ich gerade wieder an,

146

für die verunglückten Menschenseelen zu bitten, als mir ziemlich forsch, aber dennoch freundlich von drei jungen Männern – ich sah sie ganz deutlich vor mir – übermittelt wurde: »Hör damit auf, uns geht es doch gut!« Von da an schickte ich ihnen im Vorbeifahren »nur« noch einen freundlichen Gruß hinauf, und alles war gut.

Eines Morgens erwachte ich mit der klaren Weisung von oben: »Fahre nach Bergen-Belsen!« Was sollte das? Ich war nie in Bergen-Belsen gewesen, warum also sollte ich jetzt dorthin fahren?! Da ich aber inzwischen der Ernsthaftigkeit solcher Impulse aus der geistigen Welt trauen und vertrauen konnte, machte ich mich gleich nach dem Frühstück auf den Weg in das ehemalige Konzentrationslager. Nachdem ich eine Weile über das trostlose Areal und zwischen den einzelnen Mahnmalen und Grabtafeln umhergewandert war, empfing ich am Gedenkstein von Margot und Anne Frank eine freundliche Aufforderung aus der geistigen Welt: »Bitte, hilf den zahlreichen, noch immer hier verweilenden Seelen, ins Licht zu gelangen.«

Wie sollte ich das tun? Beten? Noch während ich darüber nachdachte, schenkten mir die himmlischen Helfer eine Idee – hinein in meine weiße Tüte. Und sogleich visualisierte ich eine riesengroße Lichtkugel, welche die gesamte Lüneburger Heide umfing, und bat so viele Helfer und Engel wie möglich, die Seelen, die – vielleicht aus Unkenntnis oder aus Angst – noch in Erdnähe umherirrten und keinen Frieden finden konnten, in diese Lichtkugel und schließlich in ihr ewiges Zuhause zu geleiten. Während ich diese Bitte formulierte, flossen mir die Tränen über die Wangen, ich zitterte am ganzen Körper und spürte dennoch tief in mir eine außergewöhnliche Ruhe und ein ganz unbeschreibliches Glücksgefühl. Und wieder einmal hatte sich gezeigt, dass die schönsten Hilfen der Engel die guten Einfälle sind, die sie uns zukommen lassen.

Nachdem ich mein etwa halbstündiges Erlösungsritual beendet hatte, setzte ich mich auf einen großen Stein vor die Gedenkstätte und dachte darüber nach, welche Auswirkungen das Trauern der sogenannten Hinterbliebenen hat. Wie oft passiert es nicht nur bei Beerdigungen, sondern auch an Gedenktagen noch Jahre und Jahrzehnte nach dem Sterben der Menschen, dass Angehörige ihre geliebten »Toten« mit ihrer Sehnsucht und manchmal auch mit Vorwürfen in Erdnähe festhalten, ja, regelrecht an sich binden und zu sich herunterziehen, sodass die Seelen nicht wirklich in Freiheit gehen und sich weiterentwickeln können. Aus dieser Erkenntnis heraus habe ich mir seit meinem Auftrag in Bergen-Belsen angewöhnt, jedes Mal bevor ich einen Friedhof betrete, die unermüdlich tätigen himmlischen Helfer in meine visualisierten Lichtkugeln einzuladen, um unerlöste und deswegen unglückliche Seelen von der Erde abzuholen und mit ihnen zum Himmel aufzufahren.

∞

Während eines Seminars mit dem bekannten englischen Medium Paul Meek visualisierten wir Teilnehmer nach einer kurzen Meditation mit geschlossenen Augen einen Tisch, dessen reales Gegenstück sich bei jedem von uns in der Wohnung befand. Wir sollten gedanklich eine hübsche Decke auf diesen Tisch legen und dann einen Blumenstrauß daraufstellen. Nun gab Paul die Anweisung, jeder möge sich eine Person vorstellen, die er in der geistigen Welt wusste und zu der er gern Kontakt zu haben wünschte. Dann sollten wir ein Bild von dem oder der Verstorbenen visualisieren. Tief im Herzen sehnte ich mich nach meinem Vater, und bei dem Gedanke an ein mögliches Zusammentreffen mit ihm war ich weniger traurig als vielmehr so angerührt, dass mir Tränen über die Wangen liefen. Ich spürte, wie ein Anflug von Scham oder vielleicht auch Peinlichkeit in mir aufstieg, und in diesem Moment sah ich meinen Vater ganz deutlich vor mir. Er zog sein großes Stofftaschentuch (mit Papiertaschentüchern hatte er sich nie anfreunden können) aus der Hosentasche und reichte es mir. »Jetzt spinnst du«, fuhr es mir durch den Sinn und ich zweifelte: War das nun Wirklichkeit, war mein Vater wirklich da, oder bildete ich mir alles nur ein? (Mit diesen Zweifeln wird jeder medial arbeitende Schüler konfrontiert. Und auch geschulte Medien sind, wenn sie umhin ehrlich sind, nicht ganz frei davon.)

Die Erlösung kam nach der Übung durch die Rückmeldung von Paul, der die geistigen Wesen ja alle sieht.

Als ich die zögerliche Vermutung »Ich glaube, mein Vater war da« äußerte, bestätigte er mir, auch er habe ihn wahrgenommen. Er fügte noch hinzu, mein Vater sei kleiner als ich, auch ein wenig »fester gebaut«, und wir sähen uns sehr ähnlich. Alles stimmte, und da Paul meinen Vater ja gar nicht kannte, konnte ich zufrieden und glücklich sein über die Entwicklung meiner offensichtlich medialen Begabung.

Wiederholtes Üben führte dazu, dass ich die erhöhten Schwingungen, die wahrnehmbar sind, wenn sich Geister nähern, nach und nach immer deutlicher spürte. Auch erkannte ich mit der Zeit ganz klar, dass es an *mir* liegt, die Tür zum Jenseits offen zu halten, indem ich mein Herz öffne, auf dass die Gedanken und Energien der Verstorbenen Einlass finden und heilsam wirken können. Bei wiederkehrenden Versuchen und Bemühungen, Kontakte zum Jenseits herzustellen, ist mir aber auch immer wieder deutlich gezeigt worden: Es kommen die, die kommen *wollen*, und nicht die, die kommen *sollen*.

Ich bin zwar kein professionelles Medium, aber durch konzentriertes Üben und Visualisieren, durch Trainieren der Aurasicht, durch eine wahrhaftige Gebetshaltung, durch geeignete Meditationstechniken und mit Hilfe der geistigen Welt konnte ich meine Medialität entwickeln und entfalten. Und ich kann jeden nur ermuntern, dasselbe beziehungsweise Ähnliches zu tun (es lohnt sich wirklich!). Ziel dieser Bemühungen ist:

150

- das eigene Dasein (als Lernaufgabe) besser zu bewältigen und mehr zu genießen, indem wir erkennen, dass die Antworten auf unsere spirituellen Fragen in uns selbst verborgen sind;
- im eigenen Umfeld (Familie, Freunde, Arbeitsplatz, Nachbarschaft) glücklicher zu werden, spirituell zu wachsen und eine höhere Entwicklungsstufe zu erreichen, dadurch
- die Grundzüge der christlich-spiritualistischen Sichtweise generell besser zu verstehen und zu leben und dann vielleicht
- dem Wunsch nachzugeben, die eigenen Erkenntnisse anderen mitzuteilen, mit der eigenen Medialität den Mitmenschen liebevolle Hilfe und Anstöße zu geben und so Samenkörner auszustreuen, die dann
- die Kraft der allumfassenden Liebe in der Welt stärken und vermehren können – für Freude, Frieden und Freiheit eines jeden von uns.

Übung macht den Meister. Diese Maxime gilt wie in vielen anderen Bereichen auch auf dem Gebiet der Medialität. Und wenn du dich daran hältst, nicht nachlässt und mit Freude und Gottvertrauen immer wieder neu beginnst, wirst du immer öfter und immer deutlicher die für dich richtigen Impulse bekommen – von deinen Lieben im Jenseits, von der geistigen Welt, von deinem Schutzengel, von deinem Geistführer und von den vielen anderen Boten der allumfassenden Liebe Gottes.

Sei aber bei allem Fortkommen, aller Entwicklung und aller Schulung deiner Begabungen auch darauf bedacht, deine Fähigkeiten durch Fachleute, also durch qualifizierte Heiler und Medien, kontrollieren zu lassen. Lies Bücher, tausche dich mit anderen über die Themen Medialität, Jenseitskontakte und Nahtoderfahrungen aus, besuche Seminare und bilde dich weiter, am besten gemeinsam mit Gleichgesinnten. Dein Ziel als verantwortungsvolle und kompetente Mittelsperson (als Medium) sollte sein, dir selbst, deinen Mitmenschen und dem Universum bei der Entwicklung zu helfen – zum Wohl des großen Ganzen.

Lass keinesfalls zu, dass pekuniäre Motive zur Triebfeder deines medialen Handelns werden, und bleibe stets in Anbindung an die geltenden Regeln der geistigen Welt. Du brauchst auch nicht gleich eine Praxis zu eröffnen. (Es gibt genügend »mediale Lebensberater«, die sich selbst überschätzen und andere Menschen verunsichern, indem sie ihnen auf der Basis ihrer noch nicht ausgereiften medialen Fähigkeiten etwas vorgaukeln [müssen] und dann das Geld aus der Tasche ziehen.) Auch sind sich viele ihrer Verantwortung für die ihnen anvertrauten Klienten zu wenig bis gar nicht bewusst.

Hinweise, die von und durch Medien kommen, sollten wirken wie kleine und größere Lichter, die den Weg des Klienten kurzzeitig erhellen und ihn erkennen lassen, in welche Richtung sein nächster Schritt (in Gedanken, in Worten oder in der Tat) gehen könnte.

Gehen muss jeder selbst. Du kannst auch als medialer Berater nur Hilfe zur Selbsthilfe anbieten, denn Gott gab uns allen den freien Willen als höchstes Geschenk, und eine Entscheidung kann letztlich jeder nur für sich *allein* fällen. Das kann weder das Medium noch die geistige Welt für ihn tun.

Sei dir deiner Verantwortung bewusst, bleibe stets demütig und bescheiden – und glaube mir: Auch wenn diese Tugenden in der heutigen Zeit wenig gefragt sind, einem seriösen Medium sowie jedem spirituellen und medial begabten Menschen stehen sie ausgesprochen gut!

Schutzmaßnahmen

Während wir in intensiveren Kontakt mit immer feineren Energien kommen, werden wir natürlich auch zunehmend empfindsamer, und zwar sowohl für die eigenen Schwingungen und die Schwingungen aus unserem Umfeld als auch für die feinstofflichen Ausstrahlungen der geistigen Welt. Und je weiter sich unsere eigene Medialität entwickelt, desto anfälliger sind wir für Störungen. Geeignete Schutzmaßnahmen werden also immer wichtiger und notwendiger für uns.

Selbstschutz

So wie sich unser physischer Körper mit Hilfe von Haut und Haaren vor Außeneinflüssen schützt (abgesehen davon, dass wir ihn zusätzlich mit Kleidung, Schuhen und Kopfbedeckungen »ummanteln«), schützt sich unsere Seele mit der *Aura*, einem in vielen Farben leuchtenden Lichtkranz, der unseren physischen Leib ganz einhüllt. Dieses Energiefeld – auch Mentalkörper genannt – spiegelt alle unsere Gefühle, Empfindungen und Gedanken wider und ist ständig mit ihnen verbunden. Demnach können Form, Größe, Farben und Klarheit der Aura Aufschluss über bestimmte Aspekte unserer physischen, emotionalen, geistigen und spirituellen Gesundheit geben. Die Tatsache, dass alle Materie und alles Mentale auf der Erde und im Universum Schwingung ist und miteinander in Verbindung steht, bedeutet für uns, dass wir unablässig mit allen und allem verbunden und demnach auch allem ausgesetzt sind.

Bevor du dich also morgens in das Schwingungschaos deines Alltags begibst, solltest du
- in einem kurzen Gebet um Schutz bitten und
- einen goldenen Schutz(mantel) mit Kapuze visualisieren, den du dir umhängst, oder
- gedanklich in einen goldenen Schutzanzug (ähnlich einem Taucheranzug) steigen oder
- dir vorstellen, du befändest dich in einem großen goldenen Ei oder in einer strahlenden Lichtkugel.

Achte bei allen »Bekleidungsvarianten« darauf, dass sie zwar auch deine Füße umhüllen, oberhalb des Kopfes jedoch nicht ganz geschlossen sind, damit du stets eine feine, aber dennoch feste Verbindung nach oben aufrechterhalten kannst.

Am Abend, wenn du wieder zu Hause bist, solltest du

- dir beim Duschen oder Baden auch eine innere Reinigung vorstellen, sodass nicht nur dein physischer Körper gesäubert, sondern auch der geistige und emotionale Ballast aus deiner Aura gespült wird;
- bevor du einschläfst und dich in deinen Träumen vollends der geistigen Welt öffnest, ein Abendgebet sprechen.

Abendgebete und Abendlieder wurden von jeher aus dem Bedürfnis nach Geborgenheit und Schutz auf unseren nächtlichen »Reisen« formuliert und sind besonders für Kinder, Schwache, Alte und Kranke tröstlich. Sehr eindrucksvoll belegt dies das Lied »Abends, wenn ich schlafen geh« aus Humperdincks Oper *Hänsel und Gretel*:

Abends, wenn ich schlafen geh,
vierzehn Engel um mich steh'n,
zwei zu meinen Häupten,
zwei zu meinen Füßen,
zwei zu meiner Rechten,
zwei zu meiner Linken,

zweie, die mich decken,
zweie, die mich wecken,
zweie, die mich weisen
zu Himmelsparadeisen.

Der beste und sicherste Schutz gegen alles, was uns in unserem Erdenleben bedrängen oder beeinflussen könnte – und die »Gefahr« besteht bei einem medialen Menschen, der sich nicht nur seinen Mitmenschen, sondern darüber hinaus den Wesen aus der geistigen Welt öffnet, ganz besonders – ist eine starke Fähigkeit, bei sich selbst zu sein. Haben wir den Kontakt zu uns selbst, zu unserer Mitte im hektischen Alltag wieder einmal verloren, können wir jederzeit auftanken, indem wir uns intensiv um unsere Aura kümmern. Eine reine, strahlende Aura schützt uns vor allen Angriffen durch dunkle, niedrige Schwingungen und entsprechende Wesen. Es gibt verschiedene Regeln zur Reinhaltung dieses äußerst wichtigen Energiefelds oder zur Revitalisierung einer geschwächten Aura:

- Schlafe ausreichend.
- Achte auf die Ausgewogenheit von Nahrung und Bewegung.
- Meide Orte und Menschen, in deren Nähe du dich unwohl fühlst.
- Halte dich so oft wie möglich in der Natur auf und stärke dein Energiefeld durch Spaziergänge und Wanderungen.

- Schwimme in einem Teich, in einem See oder im Meer.
- Lies Bücher, die dein Herz berühren und dir guttun.
- Genieße die Sonne, die auch deine Aura mit lichter Strahlung durchdringen kann.
- Lache viel, denn mit deinem Lachen vertreibst du negative Kräfte.
- Positive Affirmationen können dir ebenfalls Kraft spenden.
- Hege freundliche Gedanken, die sich in deinem Umfeld spiegeln und letztlich wieder auf dich zurückwirken. *Gleiches zieht Gleiches an* (eines der »universellen Gesetze« nach Hermes Trismegistos).
- Bete und meditiere regelmäßig.
- Singe oder tanze, wenn dir danach ist.
- Sei gestalterisch und/oder künstlerisch tätig.
- Höre Musik, die dich ermuntert und innerlich stärkt.
- Mache selbst Musik (allein oder in einer Gruppe).
- Halte deine Wohnung sauber. Beachte, dass äußerer Schmutz oft auch auf der geistigen Ebene »Müll« produziert. *Wie oben so unten. Wie innen so außen* (aus den »universellen Gesetzen« nach Hermes Trismegistos).

All dies kann uns neben einer Vitalisierung unserer Aura auch Ruhe, Kraft, Stille, Gelassenheit, Freude und Klarheit schenken. Auch ist es ein tolles Gefühl, diese »Energiebäder« so richtig zu genießen. Versuche herauszufinden, was deiner Seele am besten bekommt, oder nutze – wie ich es gern tue – alle Möglichkeiten abwechselnd, je nach deinem ganz persönlichen Gusto.

Eine »Generalreinigung« unserer Aura gelingt uns natürlich am besten durch *Verzeihen und Loslassen* – aber das ist auch am schwersten! Wenn ein Mensch diesen spirituellen Prozess verinnerlicht hat und auch im Außen verwirklicht und lebt, hat er zwangsläufig eine strahlende Aura. Und mit einer hellen und reinen Aura kann ihm niemand und nichts etwas anhaben. Liebevolle Gedanken, Lebensfreude, Freundlichkeit, Wohlwollen, Güte, Hilfsbereitschaft, Treue, Liebe, Mitgefühl und Achtsamkeit sind nur einige Bonbons aus der großen Tüte für ein friedvolles Leben mit sich selbst und anderen.

Wir sollten unser Augenmerk aber auch auf unsere weniger lichtvolle Seite richten, auf die dunkleren Schwingungen in und um uns, denn die ergeben sich gleichermaßen aus der natürlichen Bipolarität, dem Yin-Yang-Charakter unserer Welt und unseres Daseins (alles hat seine zwei Seiten). Machen wir uns also klar, dass wir auch negative Gedanken und Gefühle wie Hass, Rachegedanken, Neid, Wut, Geiz und Verachtung hegen, die, wenn sie nicht beachtet und aufgelöst werden, unsere Aura vergiften und am Ende sogar ungünstige Auswirkungen auf unseren Körper haben – ganz abgesehen davon, dass wir unseren Mitmenschen keine Freude damit machen. Natürlich haben die negativen

Gedankenmuster und Verhaltensweisen unserer Mitmenschen ebenfalls ein entsprechend niedriges Schwingungsniveau. Wenn wir aus diesem Dunstkreis der kontinuierlich niedrigen Frequenzen ausbrechen wollen, müssen wir also nicht nur unsere eigenen Schwingungen erhören, sondern auch den niedrigen Schwingungen von außen bewusst und mit Klarheit entgegentreten, wobei eine freundliche, aber konsequente Haltung bereits ein guter erster Schritt ist.

Auch sollten wir uns immer wieder klarmachen, dass wir als einzelner Mensch, als individuelles Wesen nicht isoliert von anderen leben (können), denn wir sind Teil des Ganzen, der gesamten kosmischen Energie, und jede Seele ist ein Teil der großen Weltseele. Wir befinden uns in ständiger Interaktion. Das heißt: Unablässig wirken Eindrücke von außen und von anderen auf uns ein, und genauso berühren wir mit unseren Gedanken und Emotionen andere Menschen und beeinflussen so unser Umfeld.

Vorbereitung auf die spirituelle und mediale Arbeit mit anderen

Wenn wir medial beziehungsweise spirituell arbeiten und uns dabei bewusst und intensiv auf andere Menschen einlassen (müssen), sollten wir auch das Gebäude respektive den Raum, in dem wir arbeiten, entsprechend vorbereiten.

Dies geschieht am besten

- durch gründliche Reinigung des Zimmers und der Einrichtungsgegenstände;
- durch Anzünden und Verbrennen einer weißen Kerze, die alles Negative und Unwillkommene aus dem Raum aufnimmt und auslöscht, sodass am Ende ein guter Geist herrscht; (Wirf die Kerze und das abgetropfte Wachs nach Beendigung des Rituals in den Müll. Nichts davon sollte im Raum bleiben.)
- durch das Abbrennen von Kräutern, wobei dem Weihrauch (der seit Jahrtausenden in der christlichen Kirche eingesetzt wird) und dem Rauch von Salbei die stärksten und am besten schützenden Energieschwingungen nachgesagt werden;
- durch Nutzung der elektrischen Energie von Quarzkristallen. Auch sie schützen und stärken die Atmosphäre;
- durch das leise Abspielen von Musik, die du als beruhigend und erhebend empfindest. Auch dadurch werden die Schwingungen im Raum erhöht;
- durch das Aufhängen hübscher Bilder und das Aufstellen von Blumen oder Engelfiguren. Solche Dekorationen werden oft als angenehm und erhellend erlebt.

Der letzte Schritt zur Vorbereitung auf die mediale Arbeit besteht im Aufstellen einer großen weißen Kerze. Indem wir diese Kerze anzünden, geben wir der geistigen Welt das Zeichen, dass wir bereit sind, Kontakt mit ihr aufzunehmen. Das Licht begleitet uns nun während der gesamten medialen Arbeit und erhellt unser spirituelles Tun.

Im Hinblick auf die bevorstehende Arbeit sollten wir uns auch noch mehr öffnen und gleichzeitig stärken, indem wir sozusagen zum Kanal zwischen Himmel und Erde werden, durch den wir heilende Energien an unsere Mitmenschen und Klienten weitergeben können. Dazu richten wir unser Augenmerk auf die sieben Energiezentren unseres Körpers, die sogenannten *Chakras*, die sich wie Räder drehen und die Energien so verteilen, dass der Körper seine physischen, emotionalen und spirituellen Funktionen zu erfüllen vermag und im Einklang ist. Die einzelnen Chakras schwingen jeweils in ihrer eigenen Frequenz und reagieren entsprechend auf Lichtschwingungen. Jedem Chakra ist eine bestimmte Farbe zugeordnet.

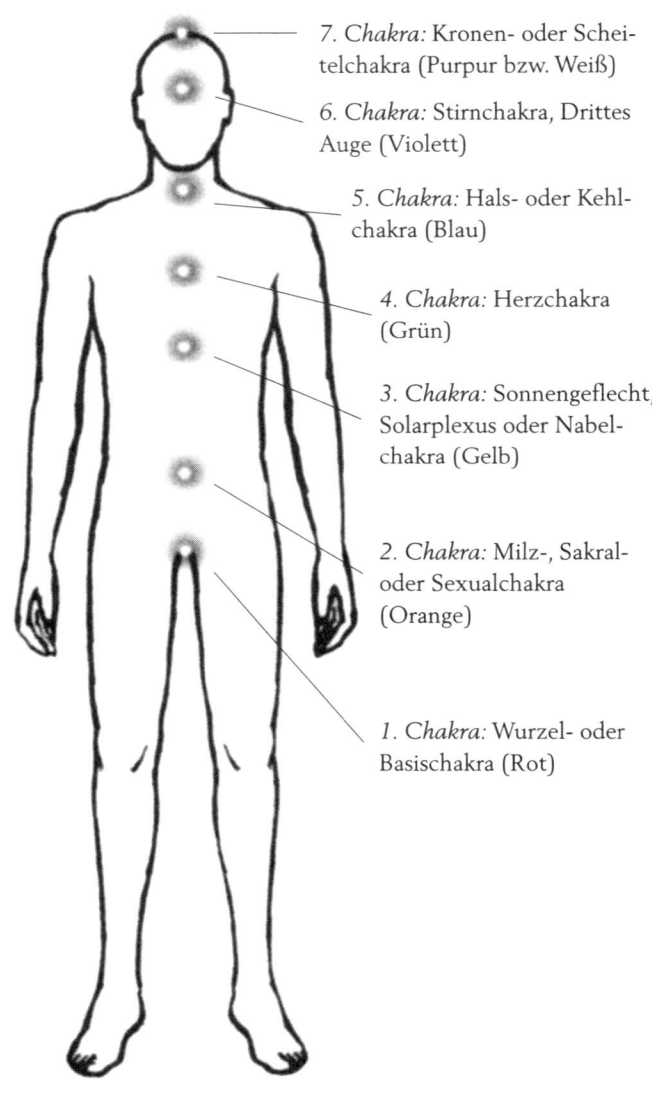

7. *Chakra:* Kronen- oder Scheitelchakra (Purpur bzw. Weiß)

6. *Chakra:* Stirnchakra, Drittes Auge (Violett)

5. *Chakra:* Hals- oder Kehlchakra (Blau)

4. *Chakra:* Herzchakra (Grün)

3. *Chakra:* Sonnengeflecht, Solarplexus oder Nabelchakra (Gelb)

2. *Chakra:* Milz-, Sakral- oder Sexualchakra (Orange)

1. *Chakra:* Wurzel- oder Basischakra (Rot)

Die sieben Chakras (Energiezentren) liegen entlang der Wirbelsäule, beginnend an deren Basis bis hinauf zum Scheitel, und sind durch Nadis (Energiekanäle) miteinander verbunden. Unausgewogenheiten oder Blockierungen in einzelnen Chakras können also das gesamte Energiesystem des Körpers beeinflussen.

Paul Meek hat den schönen Vorschlag gemacht, sich für jedes farbige Chakra eine Blume in der entsprechenden Farbe vorzustellen. Alle Blumen sind über lange Stängel (den Nadis entsprechend) miteinander verbunden, sodass alles ineinander übergeht und miteinander korrespondieren kann.

Wenn du nun zu arbeiten beginnst, öffne alle sieben Chakras *nacheinander* von unten nach oben. Visualisiere, dass sich eine Blüte nach der anderen langsam öffnet, bis alles atmet, fließt und frei und offen ist für dein spirituelles Tun. Ein Gebet vor der medialen Arbeit versteht sich von selbst.

Wenn deine Arbeit, deine Meditation oder eine Sitzung beendet ist, vergiss niemals, alle Chakren *nacheinander* (diesmal von oben nach unten!) wieder zu schließen. Die Energiewirbel drehen sich dennoch weiter, aber sozusagen im Sparlauf zur Aufrechterhaltung deines Energieniveaus.

Wenn wir all diese Schutzmaßnahmen ergreifen, sind wir definitiv gegen sämtliche Einflüsse niederer Wesen und Schwingungen gefeit. Unsere Aura ist rein, die Chakras drehen sich, unser Geist ist klar und positiv gestimmt – und unser Leben ist selbstbestimmt. Das heißt, wir sind unabhängig von den Launen und Angriffen unserer Umwelt.

Und sollten sich, weil wir einmal nicht wachsam genug waren, niedrige Energien unserer Mitmenschen oder auch niedere Wesen aus der geistigen Welt bei uns »eingeklinkt« haben, brauchen wir weder Angst zu haben noch zu verzweifeln. Im Anhang dieses Buches (Seite 170) findet sich ein Reinigungsritual, das uns, wenn wir es sorgfältig durchführen, unseren Seelenfrieden wiederschenkt. Unseren inneren Frieden können wir uns aber auch mit einer viel kleineren »Anstrengung« bewahren – mit einem Lächeln.

Ein Lächeln

Es ist kurz wie ein Blitz,
aber die Erinnerung daran ist oft unvergänglich.

Keiner ist so reich,
dass er darauf verzichten könnte
und keiner so arm, dass er es sich nicht leisten könnte.

Es bedeutet:
für den Müden Erholung,
für den Mutlosen Ermunterung,

für den Traurigen Aufheiterung
und ist das beste Mittel gegen Ärger.

Man kann es weder kaufen noch erbitten,
noch leihen noch stehlen,
denn es bekommt erst dann einen Wert,
wenn es verschenkt wird.

Niemand braucht es so bitter nötig
wie derjenige,
der für andere keines mehr übrig hat.

(Verfasser unbekannt)

Nachwort

Wenn dir dieses Buch gefallen hat und du auch nur durch ein einziges Wort, eine Darstellung oder eine Aussage angerührt wurdest, oder wenn du einen kleinen Impuls gespürt hast, deine Medialität weiterentwickeln zu wollen, dann geh dieser inneren Bewegung unbedingt weiter nach. Denn auch du hast die Chance, die ermutigende und hilfreiche Kommunikation zwischen Himmel und Erde kennenzulernen und hautnah mitzuerleben. Außerdem kannst du deine medialen Fähigkeiten durch stetiges Üben und mithilfe von »oben« auf eine höhere Entwicklungsstufe heben, sodass sie für dich und andere Menschen segensreich werden können.

Daher rufe ich dir in diesem Moment aufmunternd zu: *»Bitte, melde dich!«*

Vielleicht machst du dich auf den Weg zu Vorträgen über Spiritualität und Jenseitskontakte, wohnst »Demonstrationen« verschiedener Medien vor größerem Publikum bei oder besuchst Seminare und Fortbildungsveranstaltungen, in denen du deine Medialität erkennen und/oder weiter vervollkommnen kannst. Wenn deine Suche nach guten Heilern und Medien erfolgreich war, kannst du dich von ihnen quasi an der Hand nehmen und bei deinem ersten persönlichen Kontakt mit Menschen- oder auch Tierseelen auf der anderen Seite des Vorhangs begleiten lassen. Und du wirst nach und nach erkennen:

- Geistwesen sind immer um dich und bei dir, ob du wach bist oder schläfst.
- Engel sind unentwegt um dich bemüht, ob du an sie glaubst oder nicht.
- Kontakte zu deinen Freunden und Verwandten in der geistigen Welt sind möglich und von ihnen erwünscht.
- Dadurch, dass du solche Kontakte über Medien herstellst, wird es dir besser gehen. Du wirst dich freier fühlen, und dir wird immer klarer werden, warum du hier bist und welchen Sinn dein Leben auf der Erde hat. Vielleicht erfährst du sogar, welches deine spirituelle Aufgabe ist oder sein kann.
- Irgendwann wirst du dann ahnen, später vielleicht auch tief in dir *wissen*, dass es ein Leben nach diesem Leben gibt und dass alles weitergeht.
- Mit der Entwicklung deiner eigenen Medialität tun sich dir ungeahnte Möglichkeiten auf, von denen du bisher nicht einmal zu träumen wagtest. Achte jedoch stets darauf, dass du die spirituelle und mediale Arbeit nicht betreibst, um persönliche Vorteile daraus zu ziehen, zum Beispiel um dein Ansehen zu

vergrößern oder dein Ego aufzupolieren. Denn nur mit einer aufrichtigen und liebevollen Haltung deinen medialen Fähigkeiten gegenüber wirst du wirkliche Freude und Erfüllung finden, auch in der Gemeinschaft mit anderen Menschen und deinen geistigen Freunden.

Die Erfahrungen aus meiner Tätigkeit als Trauer- und Sterbebegleiterin und aus der Zusammenarbeit mit dem Medium Erika, die ihre mediale Begabung in den Dienst Hilfe suchender Menschen gestellt hat, zeigen deutlich, dass der Gefühls- und Gedankenaustausch mit Wesen aus der anderen Wirklichkeit Menschen von Schuldgefühlen und Selbstvorwürfen befreien und ihren Seelenfrieden wiederherstellen kann.

Die Beschäftigung mit meiner eigenen Medialität hat mir im Laufe der Zeit immer klarere Erkenntnisse beschert und meine Bereitschaft vergrößert, das Wissen und die Informationen, die ich durch diese Bewusstseinsarbeit erhalten habe, an andere weiterzugeben – für alle und zum Wohl des großen Ganzen.

Wenn *du* also nun *deinen* ersten Schritt getan hast, wirst du weitergehen und nicht mehr zurück wollen, denn es ist ein *Lichtweg*, der genau für *dich* vorgesehen ist. Und er kann nur dadurch entstehen, *dass du ihn gehst!*

Licht, Liebe, Mut und Freude auf diesem Weg wünscht dir

Heike Gade

Reinigungsritual (Clearing)

Musik zur Erhöhung der
Schwingungen, Kerzen, Räucherwerk
(zum Beispiel Weihrauch)

Gebet

Ich (wir), _____, wende(n) mich (uns) heute an
euch, _____, die ihr erdnah oder erdgebunden seid,
also noch nicht ins Licht gefunden habt und meine (unsere) Aura, meine (unsere) Umgebung, meine (unsere)
Wohnung, mein (unser) Haus und das Grundstück wissentlich oder unwissentlich beansprucht.

Ihr seid hier bei _____. Doch ihr seid nicht _____.
Ihr seid jemand anderer, völlig verschieden von mir
(uns). Ihr habt einen anderen Namen, eine andere Persönlichkeit, andere Bedürfnisse und Vorstellungen.

Es gab eine Zeit, da lebtet ihr in einem eigenen Körper, lange bevor ihr euch an mich (uns), _____, geheftet habt.

Pause

Schaut mal, ob ihr euch an diese Zeit erinnern könnt. Denkt an ein angenehmes Erlebnis aus der Zeit, als ihr noch in euerem eigenen Körper wart.

Pause

Euerem Körper ist dann etwas zugestoßen ... Er ist gestorben.

Pause

Als euer Körper starb, wart ihr selbst, euere Seele, noch genauso lebendig wie Augenblicke zuvor, jedoch außerhalb eueres toten Körpers. In diesem Augenblick hättet ihr direkt ins Licht gehen können, hinein in die geistige Welt. Helfer aus der geistigen Welt waren da, um euch in euer neues Leben zu begleiten. Doch stattdessen seid ihr ohne eueren physischen Körper in der physischen Welt geblieben. Vielleicht wart ihr verwirrt und habt nicht gemerkt, dass euer Körper gestorben ist und habt auch nicht wirklich verstanden, was mit euch geschah. Ihr habt dadurch eine falsche Entscheidung getroffen, die euch nicht bewusst war. So seid ihr damals zu einer verirrten und erdgebundenen Wesenheit geworden.

Pause

Erinnert ihr euch, wie ihr versucht habt, mit Menschen zu sprechen, und sie haben nicht geantwortet? Oder dass sie, wenn ihr sie berührt habt, euere Berührungen gar nicht bemerkt haben? Sie haben direkt durch euch hindurch geschaut, als wenn ihr gar nicht da wäret.

Pause

Vielleicht wart ihr dadurch sehr verwirrt, fühltet euch einsam und frustriert. Vielleicht wart ihr den Menschen, die euch nicht wahrgenommen haben, auch richtig böse, wart wütend auf sie. Sie haben nicht auf euch reagiert, weil ihr unsichtbare Wesen wart, Geister, und auch heute noch Geister seid. Ihr seid nicht in euerem physischen Körper, und wir Erdenmenschen können euch nicht sehen.

Pause

Und dann, ab einem bestimmten Zeitpunkt, habt ihr euch einfach an mich (uns), _____, geheftet. Das aber war ein noch größerer Fehler, denn seht mal: Vorher habt ihr euch nur selbst geschadet, und zwar dadurch, dass ihr euch von dem wunderschönen Leben in der geistigen Welt ausgeschlossen habt. Ihr hättet in der anderen Wirklichkeit bei eueren Lieben leben können, und alle euere Bedürfnisse hätten gestillt werden können.

Stattdessen habt ihr euch an mich (uns) geheftet. Von da an habt ihr also nicht nur euch, sondern auch mir (uns), _____, geschadet. Das ist doppelt traurig, denn ihr benutzt meine (unsere) Energie, entzieht sie mir (uns), wodurch ich (wir) oft müde, erschöpft und traurig bin (sind) und sogar krank werden. Durch euere Anwesenheit bringt ihr mich (uns) durcheinander, sodass ich (wir) meine (unsere) Gedanken, Wünsche und Bedürfnisse nicht recht von eueren unterscheiden kann (können). Darunter leide(n) ich (wir) sehr.

Ihr würdet sicher auch nicht wollen, dass dies mit euch geschieht. Vielleicht habt ihr bis jetzt ja auch gar nicht erkannt, dass ihr mir (uns) schadet?!

Pause

Glücklicherweise gibt es eine Lösung für unser Problem, denn jetzt sind Menschenseelen aus der geistigen Welt um euch, die ihr sehr gemocht habt und die euch sehr lieben. Sie sind gekommen, um euch zu helfen. Schaut sie euch an. Es sind Menschen, von denen ihr dachtet, dass ihr sie niemals wieder sehen würdet, weil sie gestorben waren.

Sie aber sind nun hier in ihrem geistigen Körper, wie ihr, sehen wunderschön aus und sind sehr glücklich, euch endlich zu treffen, denn sie haben sich Sorgen um euch gemacht. Sie haben schon Ausschau nach euch gehalten, haben euch gesucht und sich nach euch gesehnt. Ihr seid ihnen jetzt ganz nah, seid in demselben Zustand wie sie, geistige Wesen nämlich, denn ihr hattet eueren physischen Körper ja bereits abgelegt, damals, als ihr gestorben seid … Ihr erinnert euch?

Jetzt gehört ihr zu ihnen. Lasst hier alles los, lasst die Erde los und freut euch auf euer neues Leben, euer neues Zuhause in der geistigen Welt!

In wenigen Augenblicken werdet ihr mich (uns), _____, verlassen und euch sofort in euerem höchsteigenen geistigen Körper befinden, nicht mehr mit mir (uns) verbunden sein. Dann seid ihr in euerem rechtmäßigen Körper, der wunderschön aussieht und den ihr so lange benutzen könnt, wie ihr ihn braucht.

Habt keine Angst: Um euch herum sind ja die Helfer aus dem Himmel, die euch erklären werden, dass es nichts mehr gibt, das ihr fürchten müsstet. Denn in der anderen Wirklichkeit, im Jenseits, herrscht nur bedingungslose Liebe.

Pause

Es ist jetzt Zeit, dass ihr geht. Ihr werdet in wenigen Augenblicken in das Licht dort drüben gehen. Vielleicht könnt ihr es in der Ferne schon sehen. Es ist nur Sekunden von euch entfernt. Geht in das Licht hinein, und ihr werdet euch geliebt und angenommen fühlen. Ein wunderschönes Leben wartet auf euch. Ihr werdet mit vielen geliebten Menschen zusammen sein, mit Familienangehörigen und Freunden. Ihr werdet nie mehr allein sein. Alles Schlimme ist vorbei. Vielleicht geht es euch jetzt schon gut, aber glaubt mir, das Beste steht euch noch bevor.

Pause

174

Ich (wir), _____, verzeihe(n) euch alles, was ihr mir (uns) unwissentlich, einige von euch vielleicht auch wissentlich, angetan habt. Auch ich (wir) werde(n) jetzt frei sein. Ich (wir) bedanke(n) mich (uns) bei euch für euere Aufmerksamkeit und Hilfe.

Und nun geht mit meinem (unserem) Segen und mit meiner (unserer) Liebe. Geht in Gottes Namen. Geht in Frieden. Zum Wohl des großen Ganzen

Bitte an die geistige Welt, diese Seelen jetzt aufzunehmen und ihnen zu helfen, sich zurechtzufinden.

Pause

Gebet

Dank an alle Engel und Helfer aus der geistigen Welt für ihre Hilfe.

Musik

Verfasst von Heike Gade nach Edith Fiore (siehe Bibliografie; Abdruck mit freundlicher Genehmigung des Verlags »Die Silberschnur«).

Glossar

Andere Wirklichkeit → Astralebene.

Astralebene – die Ebene der Feinstofflichkeit, die parallel zu unserer physischen Welt der Grobstofflichkeit existiert.

Astralkörper – ein dem grobstofflichen Leib innewohnender feinstofflicher Zweitkörper, der den Tod überlebt und die Seele begleitet. In ihm sind alle Gedanken und Gefühle (auch aus früheren Leben) gespeichert.

Astralreise (außerkörperliche Erfahrung) – das vorübergehende Heraustreten des feinstofflichen aus dem grobstofflichen Körper und dessen Fähigkeit, sich frei auf verschiedenen Ebenen des Universums zu bewegen. Dies geschieht oft im Schlaf und auch bei Bewusstlosigkeit. Während dieser Reisen bleibt der Astralkörper durch die sogenannte Silberschnur mit dem physischen Körper verbunden, um später wieder in ihn zurückkehren zu können. (Im Moment des Todes reißt diese Schnur, und die Verbindung zwischen den beiden Körpern ist endgültig getrennt.)

Aura (lat. »Hauch«) – die feinstoffliche Ausstrahlung, die sowohl den menschlichen Körper als auch den Körper von Tieren und Pflanzen wie einen Wolkenkranz umgibt. Dem geübten Auge offenbart sich dieser Lichtkranz in verschiedenen Formen und Farben, die sich mit dem jeweiligen Gemüts- und Gesundheitszustandes eines Wesens verändern.

Channeling (engl. »kanalisieren«) – die Fähigkeit, mit einer höheren Ebene in Verbindung zu treten, um Botschaften oder auch feinstoffliche Energien der Heilung zu empfangen und zu übermitteln.

Eingebung – das spontane Entstehen von Gefühlen, die häufig eine unmittelbare schöpferische Umsetzung nach sich ziehen.

Ektoplasma – eine von einem Medium aus der Atmosphäre und der Energie von Anwesenden gebildete Substanz, die man als körperhafte Erscheinung sehen, fotografieren und manchmal auch anfassen kann.

Elektromagnetisches Feld (mentales Feld) – eine Strahlung, die allen Körpern innewohnt, alle Körper umhüllt, sich ausbreitet und durch Schwingungen mit den entsprechenden Feldern anderer Körper in Verbindung treten kann.

Engel (griech. »Bote«) – Wesen, die als Mittler zwischen Gott und den Menschen tätig sind. Engel gelten nicht als völlig körperlos, sondern als Gestalten mit einem Körper aus Licht oder Äther.

Entmaterialisation – das Entstofflichen (Entfernen der Materie, des Sichtbaren), sodass nur noch die Schwingungen des Geistigen (das Unsichtbare) wirksam sind und Sinn geben.

Erzengel – in der hierarchischen Ordnung der Engel stehen die Erzengel oft an oberster Stelle. Die bekanntesten Erzengel sind Michael, Gabriel und Raphael.

Esoterik – Sammelbegriff für die verschiedenen Bereiche der → Parapsychologie; Beschäftigung mit den inneren Werten des Daseins und der spirituellen Erkenntnis im Gegensatz zur bloß äußerlichen Befolgung von Vorschriften und Dogmen.

Familienstellen – von Bert Hellinger (Psychologe und Theologe) entwickelte Therapiemethode, die zur Auflösung krank machender Verstrickungen führen kann und die Energien der ursprünglichen Liebe wieder fließen lässt.

Feinstofflicher Körper – für das physische Auge nicht sichtbarer Körper, der den Tod des grobstofflichen Körpers überlebt und die weiterlebende Seele begleitet → Astralkörper.

Geist – Wesen ohne grobstofflichen Körper.

Geistererscheinungen (Astralwesen) – Seelen oder → Seelenanteile, die sich meist in der geistigen Welt aufhalten, sich aber gelegentlich den Menschen auf der Erde zeigen und sie dort auch besuchen.

Geistführer – hoch entwickelte Wesen aus der geistigen Welt, die dem einzelnen Menschen auf seinem spirituellen Weg immer wieder Richtung und Ziel nahezubringen versuchen.

Geistige Helfer – Engel und andere Boten des Lichts, die Menschen in allen Situationen ihres Lebens beistehen und sie auf ihrem geistigen Weg unterstützen wollen.

Geistige Welt – Jenseitsbereich der feinstofflichen Schwingungen (parallel zur materiellen Welt), in dem Geistwesen (z. B. Verstorbene) leben.

Gott – höchstes, allmächtiges Wesen und unendliche, transzendente Kraft; der Schöpfer, der als Ursache allen Naturgeschehens gilt.

Grenzwissenschaften – beschäftigen sich mit Phänomenen, die am Rande dessen liegen, was die Naturwissenschaften untersuchen → Parapsychologie.

Grobstofflicher Körper – der sichtbare und greifbare physische Körper.

Hellfühlen – die Fähigkeit zur übersinnlichen Wahrnehmung von Gefühlen sowie Gemüts- und Gesundheitszuständen.

Hellhören – die Fähigkeit zur übersinnlichen Wahrnehmung von Höreindrücken (Geräusche/Sprache/Musik) ohne eine reale Schallquelle.

Hellsehen – die Fähigkeit zur übersinnlichen Wahrnehmung von Ereignissen oder Gegenständen mit Hilfe des sogenannten »inneren Auges«.

Inspiration → Eingebung.

Intuition – unmittelbare Erkenntnis ohne Reflexion.

Jenseits – das Leben nach dem Tod, die feinstoffliche Welt der Verstorbenen.

Klient – (lat.) ursprünglich: »Schutzbefohlener«.

Levitation – übernatürliche Fähigkeit, Gegenstände und Körper frei im Raum schweben zu lassen.

Malmedium – Mittelsperson, die Verstorbene in voller Gestalt mental wahrnehmen und deren Porträts zeichnen kann (abgesehen davon, dass sie auch ihre Botschaften übermittelt).

Materialisation (Einkleiden in Materie) – das Phänomen, das durch die Erzeugung von → Ektoplasma vorübergehend Gebilde pflanzlichen, tierischen oder menschlichen Aussehens entstehen lässt.

Medialität – Fähigkeit, Verbindungen zwischen zwei oder mehr unterschiedlichen Energien herzustellen und gegebenenfalls zwischen ihnen zu vermitteln.

Meditation – Hinwendung zum Übersinnlichen mit dem Ziel der Versenkung in einen höheren Bewusstseinszustand.

Medium – Mittelsperson, die für fähig gehalten wird, Außersinnliches wahrzunehmen. Sie besitzt die Fähigkeit, Botschaften von nicht physisch verkörperten Wesen, zum Beispiel von Geistern, Engeln und Verstorbenen, wahrzunehmen und zu übermitteln.

Okkultismus – Sammelbegriff für alle Lehren und Praktiken, die mit den Naturgesetzen nicht erklärbar sind, wie zum Beispiel → Hellsehen, → Levitation, → Materialisation, → Spiritismus, → Spuk und viele mehr.

Ouija-Brett – Apparatur (Brett mit Buchstaben, Zahlen und Symbolen), die eine Kontaktaufnahme mit Geistern und die Übermittlung übernatürlicher Nachrichten möglich machen soll.

Paranormale Phänomene (übernatürliche Geschehnisse) – Sammelbegriff für alle Ereignisse und Erscheinungen, die nicht mit den fünf Sinnen wahrgenommen werden können und deshalb oft nicht mit der allgemeinen Auffassung von Wirklichkeit übereinstimmen.

Parapsychologie – Wissenschaft, die sich mit der Erforschung paranormaler Phänomene und okkulter Erscheinungen beschäftigt.

Poltergeister – geisterhafte Erscheinungen und Phänomene, die sich durch Geräusche, elektrische Störungen, Bewegungen von Objekten u. a. m. – ohne erkennbare physikalische Ursache – bemerkbar machen → Spuk.

Psi – der 23. Buchstabe des griechischen Alphabets und Anfangsbuchstabe von »Psyche« (Seele); gilt in der → Parapsychologie als übergeordneter Begriff für alle übersinnlichen Fähigkeiten und Erscheinungen.

Psychokinese (Bewegung mit der Kraft des Geistes) – das Bewegen und Verändern von Gegenständen oder auch lebenden Organismen ausschließlich durch das Einwirken von Gedanken oder Wünschen, das heißt ohne physikalische oder chemische Ursache.

Psychometrie – die Fähigkeit, im Kontakt mit einem Gegenstand Informationen über Personen oder Ereignisse zu erhalten, mit denen der Gegenstand in Verbindung stand oder steht.

Reinkarnation – Wiedergeburt, Wiederverkörperung oder Seelenwanderung; der Kreislauf wiederholter Erdenleben einer Seele in verschiedenen Existenzformen, zu denen neben menschlichen auch tierische und pflanzliche gehören.

Ritual – Vorgehen mit (oft religiöser) Zielsetzung, das aufgrund seiner festgelegten Ordnung wiederholbar ist und den Beteiligten Ruhe und innere Stabilität geben kann.

Rückführung – Therapieform, welche die Ursachen für psychische und somatische Krankheiten in vergangenen Leben des Klienten sucht, wobei es oftmals gelingt, Traumata durch Bewusstmachen zu heilen beziehungsweise ganz zum Verschwinden zu bringen.

Schutzengel – gilt als treuer Begleiter des Menschen durch all seine Erdenleben.

Seele – der göttliche Funke, der sich sowohl im Menschen als auch in Pflanzen und Tieren findet und die an sich tote Materie erst belebt (beseelt). Außerdem gilt die Seele als individuelles, nicht-materielles Lebens- und Bewusstseinsprinzip eines jeden Menschen.

Seelenanteil – Lebens- und auch Erinnerungsteil der Seele eines Menschen, der als Lebensaspekt, als vergangenes oder zukünftiges Leben zum großen Seelengefüge eines jeden Menschen gehört.

Seelengedächtnis – Speicher sämtlicher Erinnerungen der Seele aus allen bisherigen Leben; Sitz aller Wünsche, Gefühle, Verletzungen und Gedanken (auch aus früheren Leben), die im feinstofflichen Körper – getrennt von seinem grobstofflichen Pendant – gesonderte Sinneswahrnehmung haben können, zum Beispiel während außerkörperlicher Erlebnisse und bei Astralreisen.

Seelenkörper → Feinstofflicher Körper.

Sensitivität (hohe Empfindsamkeit) – die Fähigkeit, Intuition, Wahrnehmung und Empfänglichkeit auf ein außerordentlich hohes Niveau anzuheben.

Spiritismus – Oberbegriff für alle Lehren und Erscheinungsformen, die sich aus der Verbindung zwischen Menschen und Geistern ergeben.

Spiritualismus – Bezeichnung für eine Lehre, die besagt, dass alles Wirkliche (Materielle) Geist beziehungsweise eine Erscheinungsform des Geistigen (Immateriellen) ist → Transzendenz.

Spiritualistische Kirche – In Großbritannien ist der Spiritualismus eine offiziell anerkannte Religion, die auf dem Wissen basiert, dass die menschliche Seele den körperlichen Tod überlebt. In Anlehnung an die Mutterkirche in England hat das bekannte Medium Paul Meek in München die *Christlich-Spirituelle-Bewegung e. V.* gegründet.

Spuk – wird meist von den Seelen Verstorbener verursacht, die sich noch immer in Erdnähe aufhalten und nicht bereit sind, loszulassen und ins Licht zu gehen.

Telekinese – das Bewegen oder Beeinflussen weit entfernter Gegenstände allein durch die Kraft der Vorstellung.

Teleportation → Telekinese.

Tod – der Moment, in dem die Seele in ihrem feinstofflichen »Gewand« den grobstofflichen Körper endgültig verlässt.

Trance (lat. »Hinübergehen«). *Halbtrance* – der Übergang und das vorübergehende Verharren in einem eingeengten Bewusstseinszustand mit erhöhter Empfänglichkeit für paranormale Phänomene. *Volltrance* – der Übergang und das vorübergehende Verharren in einem schlafähnlichen Zustand. Wenn sich das Medium in diesem Zustand befindet, hält sich seine Seele vorübergehend in der Astralwelt auf, und sein Körper steht für die Dauer der Trance anderen Wesen (Seelen) zur Verfügung.

Transzendenz – die spirituelle, göttliche Welt außerhalb des Universums (unser ewiges Zuhause), aus der unsere Seele ursprünglich kommt und in die sie zurückkehrt, wenn der Kreislauf der Inkarnationen beendet ist.

Visualisierung – optische Darstellung durch die Fähigkeit des inneren Sehens.

Wiedergeburt → Reinkarnation.

Bibliografie

Rosemary Brown: *Musik aus dem Jenseits*, Paul Zsolnay, Wien/Hamburg 1971

Sylvia Browne: *Jenseitsleben*, Goldmann, München 2002

Sylvia Browne: *Die Geisterwelt ist nicht verschlossen*, Goldmann, München 2000

Edith Fiore: *Besessenheit und Heilung*, Silberschnur, Güllesheim 2002 (Neuauflage)

Arthur Ford: *Bericht vom Leben nach dem Tode*, Knaur, München 1994

Doris Forster: *Mein Weg zum Licht*, Oberland Medien, Zürich 2005

Judy und Bill Guggenheim: *Trost aus dem Jenseits*, Fischer, Frankfurt 2004

Bernard Jakoby: *Wir sterben nie*, Nymphenburger, München 2007

Bernard Jakoby: *Das Leben danach*, Rowohlt, Reinbek 2004

Bernard Jakoby: *Auch du lebst ewig*, Langen Müller, München 2000

Marcelle de Jouvenel: *Weisungen aus dem Jenseits*, Walter, Olten 1977

Marcelle de Jouvenel: *Einklang der Welten*, Walter, Olten 1953

Allan Kardec: *Das Buch der Geister*, Schirner, Darmstadt 2004

Allan Kardec: *Das Buch der Medien*, Schirner, Darmstadt 2004

Martina Krämer: *Ich spreche mit Toten*, Ama Deus, Fichtenau 2005

Alexa Kriele: *Mit den Engeln über die Schwelle zum Jenseits*, Hugendubel, München 2004

Elisabeth Kübler-Ross: *Interviews mit Sterbenden*, Knaur, München 2001

Elisabeth Kübler-Ross: *Über den Tod und das Leben danach*, Silberschnur, Güllesheim 1989

Penny McLean: *Kontakte mit deinem Schutzgeist*, Gondrom, Bindlach, o. J.

Paul Meek: *Das Leben ohne Ende*, Thanner, München 2007

Paul Meek: *Das Tor zum Himmel ist immer offen*, Thanner, München 2004

Paul Meek: *Der Himmel ist nur einen Schritt entfernt*, Thanner, München 2001

Raymond A. Moody: *Das Licht von drüben*, Rowohlt, Reinbek 2004

Raymond A. Moody: *Leben nach dem Tod*, Rowohlt, Reinbek 2001

Gaye Muir: *Mein Weg in die andere Welt*, Artha, Oy-Mittelberg 2008

Gaye Muir: *Brücke zwischen den Welten*, Artha, Oy-Mittelberg 2004

Hinrich Ohlhaver: *Die Toten leben*, Silberschnur, Güllesheim 1990

Coral Polge: *Ich male Gesichter Verstorbener*, Silberschnur, Güllesheim 1986

James van Praagh: *Die Weite zwischen Himmel und Erde*, Heyne, München 2006

James van Praagh: *Heilende Trauer*, Ansata, München 2003

James van Praagh: *Jenseitswelten*, Goldmann, München 2000

James van Praagh: *Und der Himmel tat sich auf*, Goldmann, München 2000

Anne Ray-Wendling: *Antworten aus dem Jenseits*, Nymphenburger, München 2003

Sogyal Rinpoche: *Das Tibetische Buch vom Leben und vom Sterben*, Fischer, Frankfurt 2004

Alois Serwaty und Joachim Nicolay (Netzwerk Nahtoderfahrung e.V.): *Nahtod und Transzendenz – eine Annäherung aus Wissenschaft und Erfahrung*, Santiago, Goch 2008

Carolina Welin und Carolina Johansson: *Perlen des Lebens*. Mit Perlenkranz, Gütersloher Verlagshaus, Gütersloh 2006

Eckart Wiesenhütter: *Blick nach drüben*, Gütersloher Verlagshaus, Gütersloh 1977

Adressen

Zentren und Netzwerke

Die Andere Realität (DAR)
Akademie für Esoterik e.V.
E-Mail: info@D-A-R.de
Homepage: www.D-A-R.de

Dachverband Geistiges Heilen e.V. (DGH)
E-Mail: info@dgh-ev.de
Homepage: www.dgh-ev.de

Netzwerk Nahtoderfahrung e.V. (N.NTE)
E-Mail: netzwerk-nahtoderfahrung@t-online.de
Homepage: www.netzwerk-nahtoderfahrung.de

PHOENIXX-Forum
Forum für spirituelle Begegnung und Entwicklung
E-Mail: info@phoenixx-forum.de
Homepage: www.phoenixx-forum.de

Arthur Findlay College
Stansted Hall
GB-Stansted, Essex CM24 8UD
E-Mail:info@arthurfindlaycollege.org
Homepage: www.arthurfindlaycollege.org

Medien und Heiler

Dipl.-Soz.-Päd. *Brigitte Carstensen*
E-Mail: brigittecarstensen@web.de
Homepage: www.brigittecarstensen.de
Kontaktvermittlung zu Schulungswochen im
Arthur Findlay College in Stansted, Essex

TOWOL – the other way of life
Kontakt: *Petra Knickenberg*
E-Mail: petra.knickenberg@t-online.de
Homepage: www.towol-aschau.de

Haus der Christosophie
Alexa Kriele
Fax: 05573-82497
Homepage: www.angeloi.org

Heilkunde-Zentrum Johanniskirchen
Dr. Ruediger und Margit Dahlke
E-Mail: info@dahlke.at
Homepage: www.dahlke.at

Schule der Geistheilung nach *Horst Krohne* GmbH
Homepage: www.schule-der-geistheilung.de

Medium *Paul Meek*
und weitere von ihm ausgebildete Medien und Heiler
Homepage: www.paulmeek.de

Medium *Werner Brodesser*
E-Mail: Werner@Medialitaet.info
Homepage: www.wernerbrodesser.de

Medium *Doris Forster*
E-Mail: spiritlion@web.de
Homepage: www.dorisforster.de

Medium *James van Praagh*
Homepage: www.vanpraagh.com

Medium *Gaye Muir*
E-Mail: esonet@inode.at
Homepage: www.gayemuir.at

Medium *Stefanie Ponto-Bodner*
E-Mail: mail@engelkreis.de
Homepage: www.engelkreis.de

Heilerin *Ursel Dreger*
E-Mail: Ursel.Dreger@t-online.de
Homepage: www.dreger-heilerschule-sai.de